مقومات
التخطيط والتفكير الإستراتيجي المتميز

بِسْمِ اللَّهِ الرَّحْمَٰنِ الرَّحِيمِ

﴿ يُوسُفُ أَيُّهَا الصِّدِّيقُ أَفْتِنَا فِي سَبْعِ بَقَرَاتٍ سِمَانٍ يَأْكُلُهُنَّ سَبْعٌ
عِجَافٌ وَسَبْعِ سُنبُلَاتٍ خُضْرٍ وَأُخَرَ يَابِسَاتٍ لَّعَلِّي أَرْجِعُ إِلَى النَّاسِ
لَعَلَّهُمْ يَعْلَمُونَ ﴿٤٦﴾ قَالَ تَزْرَعُونَ سَبْعَ سِنِينَ دَأَبًا فَمَا حَصَدتُّمْ فَذَرُوهُ فِي
سُنبُلِهِ إِلَّا قَلِيلًا مِّمَّا تَأْكُلُونَ ﴿٤٧﴾ ثُمَّ يَأْتِي مِن بَعْدِ ذَٰلِكَ سَبْعٌ شِدَادٌ يَأْكُلْنَ مَا
قَدَّمْتُمْ لَهُنَّ إِلَّا قَلِيلًا مِّمَّا تُحْصِنُونَ ﴿٤٨﴾ ثُمَّ يَأْتِي مِن بَعْدِ ذَٰلِكَ عَامٌ فِيهِ يُغَاثُ
النَّاسُ وَفِيهِ يَعْصِرُونَ ﴿٤٩﴾ ﴾

صدق الله العظيم

(يوسف: 46-49)

بِسْمِ اللَّهِ الرَّحْمَٰنِ الرَّحِيمِ

قَالَ تعالَى: ﴿ وَقَالَ الْمَلِكُ ائْتُونِي بِهِ أَسْتَخْلِصْهُ لِنَفْسِي فَلَمَّا كَلَّمَهُ قَالَ إِنَّكَ الْيَوْمَ لَدَيْنَا
مَكِينٌ أَمِينٌ ﴿٥٤﴾ قَالَ اجْعَلْنِي عَلَىٰ خَزَائِنِ الْأَرْضِ إِنِّي حَفِيظٌ عَلِيمٌ ﴿٥٥﴾ وَكَذَٰلِكَ
مَكَّنَّا لِيُوسُفَ فِي الْأَرْضِ يَتَبَوَّأُ مِنْهَا حَيْثُ يَشَاءُ نُصِيبُ بِرَحْمَتِنَا مَن نَّشَاءُ وَلَا
نُضِيعُ أَجْرَ الْمُحْسِنِينَ ﴿٥٦﴾ ﴾

صدق الله العظيم

(يوسف: 54-56)

مقومات التخطيط والتفكير الإستراتيجي المتميز

تأليف

دكتور/ مدحت محمد أبو النصر

أستاذ تنمية وتنظيم المجتمع بجامعة حلــوان

دكتوراه من جامعة Wales ببريطانيا

أستاذ زائر بجامعة .C.W.R بأمريكا

أستاذ معار بجامعة الإمارات العربية المتحدة (سابقا)

رئيس قسم العلوم الإنسانية بكلية شرطة دبي (سابقا)

الناشر

المجموعة العربية للتدريب والنشر

Arab group

2012

الطبعة الأولى
2012

فهرسة أثناء النشر إعداد إدارة الشئون الفنية - دار الكتب المصرية
أبو النصر، مدحت محمد
مقومات التخطيط والتفكير الاستراتيجي المتميز
تأليف: مدحت محمد أبو النصر
ط1 - القاهرة: المجموعة العربية للتدريب والنشر
271 ص : 24x17 سم.
الترقيم الدولي : 9-43-6298-977-978
1- التخطيط
2- الاستراتيجية أ- العنوان
ديوي: 352,96 رقم الإيداع: 2011/10662

الناشر
المجموعة العربية للتدريب والنشر
8 أ شارع أحمد فخري - مدينة نصر - القاهرة - مصر
تليفاكس: 22759945 - 22739110 (00202)
الموقع الإلكتروني: www.arabgroup.net.eg
E-mail: info@arabgroup.net.eg
elarabgroup@yahoo.com

إهداء

إلى جميع العاملين في مجال التخطيط .. أهدي لهم بعض الخبرات التي يمكن أن تساعد في تحسين مهارات التخطيط الإستراتيجي لديهم.

شكر وتقدير

إلى أبنائي ياسمين ومحمد حفظهما الله لما قدماه لي من مساعدة معلوماتية ساهمت في إعداد هذا الكتاب بشكل أفضل.

المحتويات

المقدمة

الإدارة الإستراتيجية Strategic Management هي عملية اتخاذ القرارات الإستراتيجية المتعلقة بتحديد رؤية ورسالة وأهداف وإستراتيجية المنظمة لتحقيق أهدافها طويلة المدى بكفاءة وفعالية مع إعطاؤها ميزة تنافسية عن المنظمات العاملة في نفس المجال أو القطاع.

ومن ضمن مراحل الإدارة الإستراتيجية وضع التخطيط الإستراتيجي Strategic Planning اللازم من أجل ترجمة الأهداف طويلة المدى إلى برامج وخطط لمدة تبدأ من خمس سنوات فأكثر.

ومن خلال استقراء واقع التخطيط في كثير من المنظمات فإنه يمكن أن نقول أن التخطيط الاستراتيجي لا يؤكد النجاح بيد أن غيابه يؤكد الفشل.

إن التخطيط الاستراتيجي يمدنا بنظرة رحبة وبعيدة بموقع منظمة ما وإمكاناتها في داخل بيئة متبلورة، وحالما يتم فهم هذا الإطار العريض بعيد المدى فيصبح بمقدور المنظمة أن تحدد بفاعلية أكثر أي الأفعال الأساسية التي ينبغي أن تبادر بها لتنافس بكفاءة وفعالية غيرها من المنظمات داخل قطاع الأعمال الخاصة بها.

ويهدف الكتاب الحالي «مقومات التخطيط الإستراتيجي المتميز» إلى إلقاء الضوء على كل المفاهيم السابق الإشارة إليها وذلك بشكل مبسط، مما يساعد القارئ على فهم ماهية التخطيط الإستراتيجي، ويحفز المدير على ممارسة التخطيط الإستراتيجي في المنظمة والإدارة والقسم الذي يعمل به.

ويتكون الكتاب من أربعة عشر فصلا، هي كالتالي:

الفصل الأول   :   التخطيط جوهر الإدارة الفعّالة.

الفصل الثاني   :   مفهوم التخطيط وأنواعه.

الفصل الثالث   :   التفكير الاستراتيجي.

الفصل الرابع   :   الإدارة الإستراتيجية.

الفصل الخامس   :   التخطيط الإستراتيجي.

الفصل السادس   :   رؤية ورسالة المنظمة.

الفصل السابع   :   أهداف المنظمة.

الفصل الثامن   :   إستراتيجية المنظمة.

الفصل التاسع   :   تحليل بيئة المنظمة.

الفصل العاشر   :   نموذج للتحليل الرباعي.

الفصل الحادي عشر   :   أدوات تحليلية أخرى.

الفصل الثاني عشر   :   Strategic Management

الفصل الثالث عشر   :   Strategic Planning

الفصل الرابع عشر   :   Strategic Planner

إن كتاب «مقومات التخطيط والتفكير الإستراتيجي المتميز» له أسلوب فريد نسبيا، حيث يحاول جذب القارئ لتفقد ما به من معلومات وأمثلة عديدة.

لقد تم تصميم الكتاب ليمسك القارئ قلمه أثناء القراءة حتى يجيب على العديد من التمارين والاستقصاءات التي تتطلب منه المشاركة في الإجابة عليها أو حلها.

هذا، ويمكن استخدام الكتاب لأغراض عدة مثل:

1- التعلم الذاتي والدراسة الفردية: فقد تم تصميم الكتاب ليمكنك من تعليم نفسك بنفسك.

2- البرامج التدريبية: يمكن استخدام الكتاب كملف تدريبي يتم توزيع على المتدربين في برنامج تدريبي حول موضوع الكتاب.

3- التدريب عن بعد: يمكن إرسال الكتاب إلى هؤلاء الذين لا يتمكنون من حضور البرامج التدريبية.

4- البحوث العلمية: يستطيع الباحثين في مجالات علم الإدارة وعلم النفس الإداري وعلم اجتماع المنظمات ومهنة التدريب ومهنة الخدمة الاجتماعية.. استخدام الكتاب كمرجع في بحوثهم النظرية والميدانية.

هذا، ولقد تم استخدام حوالي 115 مرجعا عربيا و 81 مرجعا أجنبيا في إعداد هذا الكتاب - ما بين كتاب وبحث ومقال وترجمة ومؤتمر - هذا بالإضافة إلى عرض بعض الجداول والأشكال التوضيحية وتقديم العديد من الأمثلة لتبسيط وشرح موضوعات الكتاب.

والمؤلف يشكر الله سبحانه وتعالى على توفيقه في إعداد هذا الكتاب المتواضع، والذي به بعض النواقص بلا شك، فالكمال لله وحده.

وبالله التوفيق،،

المؤلف

أ.د. مدحت محمد أبو النصر

القاهرة: 2009

الفصل الأول
التخطيط جوهر الإدارة الفعّالة

أشتمل هذا الفصل على:

- 📖   وظائف الإدارة.

- 📖   التخطيط: وظيفة ومهارة.

- 📖   مقومات التخطيط السليم.

- 📖   مقومات نجاح التخطيط.

الفصل الأول

التخطيط جوهر الإدارة الفعّالة

وظائف الإدارة:

اختلف العلماء والباحثون في الاتفاق على تحديد واضح لوظائف الإدارة Management
Functions، فمنهم من يرى أن وظائف الإدارة تتمثل في:

1- صنع القرار.

2- التخطيط.

3- القيادة.

4- الرقابة.

5-

ومنهم من يحدّد وظائف الإدارة في:

1- التخطيط.

2- التنظيم.

3- توظيف الطاقات البشرية.

4- التدريب

5- التمويل

ورأي ثالث يعرض وظائف الإدارة في:

1- التخطيط.

2- صنع القرارات.

3- التنظيم.

4- التوجيه.

5- الرقابة

التخطيط: وظيفة ومهارة:

وبالنظر إلى الوظائف الرئيسية للإدارة، يمكن أن نقول أن التخطيط Planning إحدى هذه الوظائف، وأنه جوهر الإدارة الفعّالة. أيضا يعتبر التخطيط إحدى المهارات الهامة التي يجب على المديرين بل وعلى العاملين أيضا اكتسابها وممارستها وتحسين مستواها باستمرار.

كذلك، يعتبر التخطيط مرحلة أساسية من مراحل العملية الإدارية فهو يمثل مرحلة التفكير والتقدير والمفاضلة بين أساليب وطرق العمل لاختيار أفضلها وأكثرها ملاءمة مع الإمكانيات المتاحة من ناحية وطبيعة الأهداف المرغوب تحقيقها من ناحية أخرى. مع الأخذ في الحسبان كافة القيود التي تفرضها طبيعة العمل أو تفرضها البيئة التي تعمل فيها المنظمة.

فالتخطيط عملية عقلية للمواءمة بين الموارد والاحتياجات، واختيار أفضل مسار للفعل من بين مسارات بديلة، ووضع ذلك في شكل خطة وميزانية لتحقيق أهداف محددة في المستقبل.

بمعنى أن التخطيط هو مرحلة التفكير التي تسبق تنفيذ أي عمل والتي تنتهي بإعداد خطة عمل.

مقومات التخطيط السليم:

ومن مقومات التخطيط السليم نذكر:

أ-   الاعتماد على معلومات كافية وحديثة ودقيقة.

ب-   تحديد ووضوح الأهداف.

ج-   الاستخدام الرشيد للموارد المتاحة والممكنة.

ويشتمل التخطيط على مجموعة من المراحل مثل: وضع الأهداف والمعايير، ورسم السياسات والإجراءات والتنبؤات، وإعداد الميزانيات، ووضع برامج ومشروعات العمل والجداول الزمنية لها.

وتعتبر الخطط التنظيمية بمثابة الإطار الذي يحفز ويحقق التكامل بين الأنشطة الفردية المختلفة داخل المؤسسة، وتحديد الخطط ما يجب أن تؤديه المؤسسة، وأين ومتى وكيف ومن الذي يقوم بالأداء.

ويخطط المدير عادة لعدة أسباب:

أ-   تحديد اتجاه عام لمستقبل المؤسسة؛ ومن ثم تحديد أهداف وتوجهات المؤسسة، مثل: زيادة الأرباح أو توسيع حصتها في السوق، كذلك مسؤوليتها الاجتماعية.

ب-   ربط موارد المؤسسة بإنجاز هذه الأهداف، وضمان توفير تلك الموارد لإنجاز الأهداف.

ج-   تقرير الأنشطة الضرورية لإنجاز الأهداف.

د-   اتخاذ قرار بشأن المهام الواجب أداؤها للوصول إلى تلك الأهداف.

مقومات نجاح التخطيط:

رغم كل الجهد الذهني والتدبر وتطبيق العقلانية والموضوعية في التخطيط، إلا أننا قد نصاب بخيبة أمل لعدم نجاح العملية في نهاية الأمر. لذا يتوجب مراعاة بعض المقومات الهامة التي تعتبر بمثابة أعمدة تعزز نجاح عملية التخطيط، هي:

1- يجب أن تسبق عملية التخطيط كافة العمليات الإدارية الأخرى إذ أنها أساس بناء العملية الإدارية.

2- مشاركة كافة مستويات الإدارة في عملية التخطيط من المشرفين ولغاية المدراء بغض النظر عن مكانهم في الهيكل التنظيمي، إلا أنه من المفترض أن يقضى المدراء وقتا أطول في التخطيط فبينما يقوم المشرفون للمستقبل القريب (المرحلي) يقوم المدراء غالبا بالتخطيط على المدى البعيد (الاستراتيجي).

3- يجب أن تكون عملية التخطيط هادفة، فالتخطيط من أجل التخطيط هي عملية عقيمة ومكلفة.

4- ضرورة عدم تحيز المخططين لفرد أو فكرة ما.

5- بناء عملية التخطيط على أساس وافتراضات واحتمالات واقعية موضوعية وثابة ووضع دراسة جيدة للتوقعات والتنبؤات خاصة وأن التطورات الحديثة في عالمنا الاقتصادي والاجتماعي والسياسي جعلت عملية التنبؤ عملية صعبة حتى أصبح العلماء يشيرون إلى عصرنا هذا بعصر عدم التأكد.

6- التعاون والتنسيق بين المخططين ومنفذي الخطة. ومن الأفضل تشكيل فريق مرتبط بإعداد الخطة للقيام بمهام ومتابعة وإرشاد المنفذين عند الحاجة أو لدى حدوث عقبات في التنفيذ. وللأفراد قيم يتمسكون بها تم تبنيها من واقعهم الاجتماعي والاقتصادي وتؤثر على سلوكهم وأدوارهم ومواقفهم الإنسانية. لذا توجب معرفة هذه القيم والمبادئ والتعامل معها من أجل تناسق وفعالية فريق العمل.

7- عدم الشعور بالإحراج أو الإحباط النفسي عند ظهور عقبات أو أخطاء في الخطة والنظر إلى هذه العقبات. نظرة واقعية. إذ أن من طبيعة الإجراءات الإدارية مهما كان حسن تنظيمها أن تصادف مثل تلك العقبات من فترة إلى أخرى. إن للعامل النفسي أثر كبير على سلوك الفرد لذا فإن الوضع للمخطط يؤثر على أدائه.

8- دعم الإدارة العليا لعملية التخطيط وتبني أسلوب المبادرة الإدارية، حيث أثبتت البحوث العلمية أن بعض أسباب فشل التخطيط يعود إلى عدم اهتمام المستويات الإدارية العليا بالتخطيط.

9- إدراك العلاقات التنظيمية القائمة في المنشأة له كبير الأثر على التخطيط ودقة الانجاز المتميز.

10- ممارسة عملية التقييم بشكل مستمر للخطة بهدف إجراء التعديلات اللازمة وطرح البدائل المتوفرة يعتبر من أهم مقومات نجاح التخطيط.

الفصل الثاني
مفهوم التخطيط وأنواعه

أشتمل هذا الفصل على:

- 📖 مقدمة.
- 📖 تعريف التخطيط.
- 📖 أولا: التعريفات العربية.
- 📖 ثانيا: التعريفات الأجنبية.
- 📖 تمارين.
- 📖 أسئلة للمراجعة وللمناقشة.
- 📖 استقصاء: هل تخطط لمستقبلك؟
- 📖 أنواع التخطيط.

الفصل الثاني

مفهوم التخطيط وأنواعه

مقدمة:

يقال إن «الفشل في التخطيط.. هو التخطيط للفشل». ولا يغرب عن بال أحد أهمية التخطيط للمهام والمشروعات كافة.

إن التخطيط Planning مهم جدا للإنسان، وهو عكس العشوائية والعفوية والارتجال وعدم النظام. استخدم الإنسان منذ نشأته أسلوب التخطيط للتغلب على مشكلة الموارد المحدودة أمام الحاجات المتعددة.

ولعل أول تجربة للتخطيط تناقلها التاريخ تلك التي قام بها سيدنا يوسف عليه السلام في تفسير حلم فرعون مصر، وتوزيعه للمحصول بين سنين العجاف وسنين الرواج. فالتخطيط هو بوصلة تحديد الاتجاه المرغوب والمرسوم، لإنجاح الأعمال والإنجازات، وهو الدليل نحو المستقبل، وصولا إلى الأهداف المطلوبة.

إن التخطيط عملية مقصودة وواقعية تتضمن إحداث حالة من التوازن بين عناصر ثلاثة هي: الهدف، الموارد والزمن، عن طريق محاولة الوصول إلى أقصى درجات الهدف، بأفضل استخدام للموارد، وفي أقصر وقت مستطاع.. مما يعني أن التخطيط عملية تتضمن توقع الأحداث المستقبلية والعمل على الاستعداد لها، وبالتالي يكون

عنصر الزمن في مصلحتنا، بدلا من إتباع أسلوب الانتظار والملاحظة والذي يكون فيه عنصر الزمن في مصلحة المشكلات.

تعريف التخطيط:

أولا: التعريفات العربية:

1- **تعريف محمد طلعت عيسى:** التخطيط هو نوعا من العمل التعاوني الشامل الذي يقوم على المنهج العلمي في البحث بقصد رسم خطة قابلة للتنفيذ في حدود الإمكانات والموارد القابلة للاستثمار.

2- **تعريف على عجوة:** التخطيط هو ذلك النشاط الفعلي الإداري الذي يوجه لاختيار أمثل استخدام ممكن لمجموعة الطاقات المتاحة لتحقيق أغراض معينة في فترة زمنية محددة.

3- **تعريف صالح أبو أصبع:** التخطيط هو عملية تحديد الأهداف ووضع السياسات ووضع طرق العمل وإجراءات التنفيذ وإعداد الميزانيات التقديرية للأنشطة المختلفة وعلى مستوى المشروع، ثم وضع البرامج الزمنية بناء على ذلك وبما يحقق الأهداف الموضوعة.

4- **تعريف محمود عمر محمود:** التخطيط نشاط أنساني واعي. يستند إلى توظيف المنطق العلمي في التفكير والتدبير لتحديد أهداف معينة وتعيين وسائل تحقيقها.

5- **تعريف محمد صديق نفادي:** التخطيط هو عملية إعداد وتنفيذ ومتابعة وتقييم القرارات التي تنطوي على الأساليب والإجراءات والسياسات التي تنظم استخدام موارد المجتمع لتحقيق الأهداف الاقتصادية والاجتماعية المحددة للمجتمع في المستقبل بطريقة مثلى.

ثانيا: التعريفات الأجنبية:

1- **تعريف بيتر دراكر Peter F. Drucker:** التخطيط عملية مستمرة لجعل قرارات المنظمة منتظمة مع أفضل معرفة ممكنة بالمستقبل وتنظيم منتظم للجهود المطلوبة لتحمل مسئولية هذه القرارات وقياس نتائجها بالمقارنة بالتوقعات وذلك من خلال تغذية عكسية (مرتدة) منتظمة ومنظمة.

2- **تعريف ألفرد كان Alfred Kahn:** التخطيط عملية اختيار السياسة والبرمجة في ضوء الحقائق والتصور الدينامي لموضوع التخطيط مع مراعاة قيم المجتمع وذلك لتحقيق أهداف محددة.

3- **تعريف روبرت أبليبي Robert Appleby:** التخطيط أحد الوظائف الرئيسية للإدارة، وأنه عملية اختيار الأهداف ووسائل تحقيقها.

4- **تعريف جلبرت وسبكت Gilbert & Spect:** التخطيط هو المحاولة الواعية لحل المشكلات، والتحكم في مسار أحداث المستقبل من خلال البصيرة والتنبؤ، والتفكير المنظم والاستقصاء، على أن يؤخذ في الاعتبار عنصر القيم عند الاختيار من بين البدائل.

5- **تعريف روبرت باركر Robert Barker:** التخطيط عملية تحديد الأهداف المستقبلية. وتقييم الوسائل التي يمكن عن طريقها تحقيق هذه الأهداف. اختيار الخيارات (البدائل) المتأنية عن مسارات العمل المناسبة.

6- **تعريف إم ريتشارد M. Richard:** التخطيط عملية عقلية للمواءمة بين الموارد والاحتياجات، واختيار أفضل مسار للفعل من بين مسارات بديلة، ووضع ذلك في شكل خطة وميزانية لتحقيق أهداف محددة في المستقبل.

7- **تعريف أوورك Urwick:** التخطيط عملية ذكية وتصرف ذهني لعمل الأشياء بطريقة منظمة للتفكير قبل العمل، والعمل في ضوء الحقائق بدلا من التخمين.

وفي ضوء ما سبق يمكن أن نقول أن التخطيط وسيلة علمية وعملية للإجابة عن هذين التساؤلين:

1- ما هي الأهداف التي تسعى المنظمة لتحقيقها؟

2- ما هي أفضل الطرق لتحقيق هذه الأهداف.

في ضوء ما سبق يمكن تعريف التخطيط بأنه عملية التنبؤ بالمستقبل والاستعداد له. فالتخطيط ينظر إلى الماضي والحاضر قبل أن يضع أهداف المستقبل، أي أن عملية التخطيط هي الجسر الذي ننتقل بواسطته من موقعنا الحالي إلى الجهة التي نود الذهاب إليها، فهي لذلك عملية تنبؤية مبنية على خبرة الماضي وواقع الحاضر من أجل تحقيق ظروف أفضل في المدى البعيد (المستقبل).

والتخطيط في أبسط صورة هو العمل أو الإجراء الذي يجيب عن الأسئلة التالية:

1-	ماذا؟	What?	ما هو العمل المطلوب؟
2-	لماذا؟	Why?	لماذا نقوم بهذا العمل؟
3-	كيف؟	How?	كيف نقوم بهذا العمل؟
4-	من؟	Who?	من سيقوم بهذا العمل؟
5-	أين؟	Where?	أين يؤدي هذا العمل؟
6-	متى؟	When?	متى يؤدي هذا العمل؟

بمعنى أن التخطيط يتضمن الإجابة عن الأسئلة التالية:

1- أين نحن الآن؟

2- إلى أين نريد أن نصل؟

3- كيف نصل إلى هناك؟

4- متى نريد أن نصل؟

5- من المسؤول عن عملية الوصول؟

6- كم ستكلفنا رحلة السير؟

7- كيف نعرف أننا وصلنا؟

تمارين:

1- ما هي المصطلحات العكسية لمصطلح التخطيط؟

....

....

....

2- أذكر أمثلة من التاريخ بصفة عامة والتاريخ الإسلامي بصفة خاصة يوضح مفهوم التخطيط؟

....

....

....

....

....

أسئلة للمراجعة والمناقشة:

1- ضع تعريفا للتخطيط من عندك؟

....

....

....

2- أذكر آية قرآنية تدل على أهمية التخطيط؟

....

....

....

3- حكي القرآن الكريم قصة مشهورة يتضح فيها مفهوم ومعنى التخطيط. ما هي هذه القصة وما هي الدروس المستفادة منها؟

....

....

....

....

....

4- أذكر حديث نبوي شريف يدل على أهمية التخطيط؟

....

....

....

5- أذكر مثل شعبي يدور حول موضوع التخطيط؟

....

....

....

6- تذكر تجربة ناجحة لك في التخطيط لأي عمل قمت به في وظيفتك الحالية؟

....

....

....

7- تذكر تجربة فاشلة لك في التخطيط لأي عمل قمت به في وظيفتك الحالية؟

....

....

....

8- ما هي الدروس التي يمكن أن تستفيد منها في ضوء هاتين التجربتين؟

....

....

....

....

....

استقصاء: هل تخطط لمستقبلك

إذا أردت أن تعرف إن كنت تخطط لمستقبلك، أجب عن الاستقصاء الآتي بكل صراحة.

الاستقصاء:

أجب عن الأسئلة بـ «نعم» أو «أحيانا» أو «لا»:

1- هل أعددت خطة أو برنامجا مبدئيا للأشياء لما ستقوم به الشهر المقبل؟

نعم ☐   أحيانا ☐   لا ☐

2- هل أعددت خطة أو برنامجا مبدئيا لكيفية قضاء الإجازة الصيفية المقبلة؟

نعم ☐   أحيانا ☐   لا ☐

3- هل تضع أولويات لأهدافك في الحياة؟

نعم ☐   أحيانا ☐   لا ☐

4- هل تضع أولويات للأعمال التي يجب أن تقوم بها في عملك؟

نعم ☐   أحيانا ☐   لا ☐

5- وأنت طالب، أو عندما كنت طالبا، هل كنت تضع جدولا للمذاكرة؟

نعم ☐   أحيانا ☐   لا ☐

6- هل ترفض المثل القائل: أصرف ما في الجيب، يأتيك ما في الغيب؟

نعم ☐   أحيانا ☐   لا ☐

7- هل تضع ميزانية لنفسك؟

نعم ☐   أحيانا ☐   لا ☐

8- هل تضع أو تشارك في وضع ميزانية لأسرتك؟

نعم ☐   أحيانا ☐   لا ☐

9- هل تدخر جزءا من دخلك للزمن؟

نعم ☐   أحيانا ☐   لا ☐

10- هل تخرج زكاة مالك للفقراء والمساكين؟

نعم ☐   أحيانا ☐   لا ☐

11- هل تجتهد في عملك وتقوم به على خير وجه؟

نعم ☐   أحيانا ☐   لا ☐

12- هل تهتم بمسألة تربية الأبناء التربية السليمة؟

نعم ☐   أحيانا ☐   لا ☐

13- هل الوقت لديك مورد مهم وثمين وتقدر قيمته؟

نعم ☐   أحيانا ☐   لا ☐

14- عندما تقابلك مشكلة، هل تفكر فيها بهدوء، وتحاول حلها بشكل علمي سليم؟

نعم ☐   أحيانا ☐   لا ☐

15- هل أنت مشترك في نظام التأمينات الاجتماعية؟

نعم ☐   أحيانا ☐   لا ☐

16- هل أنت مشترك في نظام التأمين الصحي؟

نعم ☐   أحيانا ☐   لا ☐

17- هل تشتري في أول كل سنة مفكرة أو مخططا للعام الجديد؟

نعم ☐   أحيانا ☐   لا ☐

18- عند تحقيق هدف معين أو إنجاز عمل معين، هل تجمع البيانات والمعلومات اللازمة والمرتبطة؟

نعم ☑   أحيانا ☑   لا ☑

التعليمات:

1- أعط لنفسك درجتان في حالة الإجابة بـ «نعم».

2- أعط لنفسك درجة واحدة في حالة الإجابة بـ «أحيانا».

3- أعط لنفسك صفر في حالة الإجابة بـ «لا».

4- أجمع درجاتك عن جميع الأسئلة.

تفسير النتائج:

أ- إذا حصلت على 25 درجة فأكثر، فأنت شخص تخطط لمستقبلك بدرجة كبيرة.

ب- إذا حصلت على 13-24 درجات فأنت شخص تخطط لمستقبلك بدرجة متوسطة، بحيث تخطط في بعض الأمور، ولا تخطط في أمور أخرى. ننصحك بأن تعمم مهارتك في التخطيط على جميع الأمور.

ج- إذا حصلت على 12 درجة فأقل، فأنت شخص لا تخطط لمستقبلك. ليس لديك مهارات التخطيط. حياتك تتصف بالعشوائية والعفوية وعدم النظام والتخبط. ننصحك بأن تشترك في دورة تدريبية أو أكثر عن مهارات التخطيط، وأن تقرأ بعض الكتب التي تتناول موضوع التخطيط وأهميته.

أنواع التخطيط:

هناك أنواع عديدة من التخطيط نذكر منها:

أولا: حسب عنصر الزمن:

1- التخطيط طويل المدى (الإستراتيجي) مدته: 5 سنوات فأكثر.

2- التخطيط متوسط المدى (العملي) مدته: 1 سنة إلى أقل من 5 سنوات.

3- التخطيط قصير المدى (التكنيكي) مدته: أقل من سنة.

ثانيا: حسب نوع المجال:

1- التخطيط الإداري.

2- التخطيط التعليمي.

3- التخطيط الاجتماعي.

4- التخطيط الصحي.

5- التخطيط العسكري.

فعلى سبيل المثال يقصد بالتخطيط الإداري Managerial Planning بالتدبير المسبق من قبل السلطة الإدارية لمواجهة المستقبل بخطط علمية وعملية واضحة لتحقيق أهداف معينة في زمن محدد.

ويعرف التخطيط الاجتماعي Social Planning: بأنه أسلوب علمي يستخدم لحل مشكلات المجتمع في ضوء التنبؤ بالمستقبل لتحديد الأهداف والغايات، وبحيث يعمل على تغيير المجتمع وتحقيق المشاركة الاجتماعية في كافة مراحل القرار ليشمل الخبراء والقادة المحليين وممثلي سكان المجتمع.

ثالثا: حسب المستهدف من عملية التخطيط:

1- تخطيط الموارد البشرية.

2- التخطيط المالي.

3- التخطيط الطبيعي.

4- التخطيط البيئي.

رابعا: حسب وحدة العمل:

1- التخطيط على مستوى الوحدات الصغيرة Micro.

2- التخطيط على مستوى الوحدات المتوسطة Mezzo.

3- التخطيط على مستوى الوحدات الكبيرة Macro.

خامسا: حسب الدرجة:

1- التخطيط الشامل.

2- التخطيط الجزئي.

سادسا: حسب نوع الفلسفة:

1- التخطيط الاشتراكي أو الشمولي.

2- التخطيط الرأسمالي أو التأشيري.

سابعا: حسب الظروف المختلفة:

1- التخطيط في ظل ظروف التأكد.

2- التخطيط في ظل ظروف المخاطرة.

3- التخطيط في ظل ظروف عدم التأكد.

4- التخطيط في ظل ظروف الصراع.

والجزء التالي يلقى بعض الضوء على هذه الأنواع.

التخطيط الإداري في ظل الظروف المختلفة:

مقدمة:

المشكلات بصفة عامة تتميز بأن المتغيرات التي تؤثر فيها تكون كثيرة ومتنوعة ومتشابكة، ويخرج غالبيتها عن نطاق سيطرة المخطط، لذلك فإنه يحاول قدر استطاعته الاستفادة القصوى من المعلومات المتاحة لديه لتعويض من المعلومات المتاحة لديه لتعويض سيطرته المنقوصة وتعظيم قدرته المحدودة على التأثير في مسار هذه المتغيرات سواء بطريقة مباشرة أو غير مباشرة.

وتلعب الحسابات الإدارية والمالية دورا هاما في زيادة كفاءة المخطط وتعويض ضعف سيطرته غير المحكومة، وتدعيم درجة الثقة في البيانات غير المتيقن منها، وتقليل حدة تبعية سلوك الإدارة في التعامل مع هذه المتغيرات.

إن قدرة المخطط على المواجهة تتوقف على نسبة وأهمية المتغيرات الخاصة للسيطرة من جملة المتغيرات المؤثرة على المشكلة المطلوب مجابهتها، فكلما زادت هذه النسبة كلما زادت قدرة المخطط على التصدي والعكس صحيح.

يواجه المخطط في هذا الصدد أربعة أنواع من الظروف المختلفة، هي كالتالي:

أنواع التخطيط في ظل الظروف المختلفة:

1- التخطيط في ظل ظروف التأكد.

2- التخطيط في ظل ظروف المخاطرة.

3- التخطيط في ظل ظروف عدم التأكد.

4- التخطيط في ظل ظروف عدم الصراع.

أولا: التخطيط في ظل ظروف التأكد:

تعد ظروف التأكد Certainty Conditions أفضل الظروف المواتية للمخطط، حيث تتوفر لديه معلومات كاملة بشكل تقرير عن كافة المتغيرات المؤثرة في المشكلة المطلوب مواجهتها. وفي ظل هذه الظروف لا تكون هناك أية عناصر من عدم التأكد، وبالتالي تكون المخطط سيطرة شبه كاملة على كافة المتغيرات والتي تكون تأثيراتها معروفة له بشكل محدد ودقيق.

ثانيا: التخطيط في ظل ظروف المخاطرة:

يقصد بظروف المخاطرة Risk Conditions تلك المواقف المشكلة التي يكون لها عدة أوضاع ممكنة لكل بديل دون التأكد من حدوث أي منها بشكل قاطع، وإن كانت هناك إمكانية لتقدير احتمال حدوث أي من هذه الأوضاع بشكل احتمالي، ويفترض بطبيعة الحال أن يكون إجمالي هذه الاحتمالات يؤول إلى الوحدة.

وعلى ذلك فإنه في ظل ظروف المخاطرة لا يكون المخطط على علم تام بالظروف المتوقعة، ولكنه يكون على علم باحتمال حدوث كل ظرف من هذه الظروف على ضوء تكرار حدوثها في الماضي.

ثالثا: التخطيط في ظل ظروف عدم التأكد:

يقصد بظروف عدم التأكد Uncertainty Conditions قلة المعلومات المتوفرة عن مجموعة القوى الأساسية والفرعية التي تؤثر في الأجلين القصير والطويل على الأداء. وعلى ذلك ففي ظل ظروف عدم التأكد، لا يكون في مقدور المخطط معرفة احتمالات وقوع الأحداث. فغالبا ما تكون خبرة المخطط أو سجل الأحداث السابقة غير كاف لتوقع ما ستكون عليه الأحداث التالية، لذلك فإن التخطيط لمواجهة المشكلات الإدارية في ظل هذه الظروف يعد عملية معقدة ومحفوفة بالمخاطر.

إن التخطيط في ظل ظروف عدم التأكد نلجأ إليه لأن المعلومات المتاحة للمخطط تكون عند حدها الأدنى مما يجعل التخطيط لمواجهة هذه الحالات أمرا بالغ التعقيد.

رابعا: التخطيط في ظل ظروف الصراع:

اتسم الصراع الحديث بتعاظم التنافس Competition والصراع Conflict بين الشركات والذي قد يكون شريفا أو غير شريفا.

وتمثل عمليات التفاوض Negotiation والمساومات Bargain مع الشركات المنافسة تحديا حقيقيا لقدرات الشركة في التعامل مع المنافسين والخصوم لتحقيق أفضل المكاسب بأقل التضحيات الممكنة. إن أهم ما تتسم به هذه العمليات الحرجة أن المكاسب التي يحققها أحد المنافسين أو الخصوم غالبا ما تمثل في نفس الوقت خسارة للطرف الأخر.

في ظل ظروف الصراع يكون هناك تعارض حاد بين مصالح الشركة ومصالح الشركات المنافسة وأطماع الجماعات المناوئة، إضافة إلى ذلك فإن المخطط لا يكون له في أغلب الأحوال سيطرة كاملة على ظروف البيئة الخارجية، لذلك يكون المخطط مجبرا على أخذ تصرفات المنافس أو الخصم في الاعتبار، وهو ما يستلزم توقع الخطوات التي سيتخذها للاستعداد مقدما لمواجهتها.

الواقع أن صعوبة التخطيط في ظل ظروف الصراع تكمن في زيادة العوامل الخاصة بعدم التأكد، ذلك لأن وضع الخطة لا يتوقف فقط على ما يسعى المخطط إلى تحقيقه وإنما على المواقف المحتملة التي يمكن أن تتخذها المنظمات المنافسة، لذلك فإن كل طرف يحاول قدر استطاعته أن يتنبأ بخطط خصمه في ذات الوقت الذي يعمل منه على تضليل خصمه وإضعاف قدراته على تخمين خططه المتوقعة. هذا الوضع يجعل المخطط يواجه عوامل عدم تأكد إضافية وهي تلك التي تتعلق بخطط ونوايا المنظمات المنافسة.

إن نجاح عملية التخطيط في ظل ظروف الصراع يتوقف على قدرة المخطط على التنبؤ بإستراتيجيات وخطط ومناورات الخصوم، وهي عملية ليست هينة، كما أن الخطأ في التخمين قد يؤدي إلى نتائج وخيمة. وقد أدى ظهور نظرية المباريات Game Theory إلى تدعيم قدرات المخططين للتخطيط في ظل ظروف الصراع.

الفصل الثالث
التفكير الإستراتيجي

أشتمل هذا الفصل على:

- 📖 العقل البشري.

- 📖 وظائف العقل البشري.

- 📖 مفهوم التفكير الإنساني.

- 📖 ما هي أهداف التفكير الإنساني؟

- 📖 النموذج الفكري للإنسان.

- 📖 التفكير الإستراتيجي.

- 📖 خصائص التفكير الإستراتيجي المتميز.

- 📖 خصائص الأفراد ذوي التفكير الإستراتيجي.

- 📖 ما هو معامل الذكاء الإستراتيجي لمنظمتك؟

الفصل الثالث

التفكير الإستراتيجي

العقل البشري:

العقل Mind يعتبر بصفة عامة من أعظم نعم الله على الإنسان، إذ أنه مناط التكليف، وبه جعل الله الإنسان خليفته في الأرض وأكرم خلق الله - سبحانه وتعالى - وهو أعظم النعم التي وهبها الله لإنسان، بشرط استعمال هذا العقل فيما فيه خيره وخير البشرية.

ومكان العقل هو المخ. والعقل نظام لصنع الأنماط أو القوالب Pattern Making System ونظام المعلومات فيه يعمل لإيجاد الأنماط والتعرف عليها واسترجاعها كلما تطلب الموقف ذلك. كما يعمل العقل كنظام منظم ومصنف لذاته Self Organized System والمعلومات الداخل إليه تصنيف وتنظيم نفسها في أنماط أو في ملفات مثل ما يتم تقريبا في الحاسب الآلي.

وبصفة عامة فإن العقل هو كيان مجرد منظم للعمليات العقلية، ويتكون العقل من خلال التفاعل الاجتماعي مع الآخرين والبيئة المحيطة بالإنسان.

وللعقل وظائف عديدة نذكر منها:

1- التفكير.

2- الإدراك.

3- التحليل.

4- التنبؤ.

5- التخيل.

6- الابتكار.

7- التخزين.

8- التذكر.

9- النسيان.

ومن سمات العقل البشري أن يعمل دون انقطاع، وتوقفه عن العمل يعني الموت. ولكن تبق المشكلة كيف يعمل العقل البشري بشكل منظم وهادف، ولا يعمل عشوائيا أو دون تنظيم؟

إن كثيرا من الناس يعتمدون على التلقائية والعفوية، ويعتمدون على سياسات رد الفعل للحدث وليس قيادة الحدث قبل أو أثناء وقوعه.

ويشير محمد عبدالغني هلال بأن برمجة العقل البشري تتطلب أن يكون هناك اختيار لما نفكر فيه، ولا نتحرك من مجال أو موضوع لآخر بصورة عفوية، أو أن نترك الأفكار تتوارد وتنطلق من عقولنا دون تفكير منظم.

إن عدم السيطرة على نظام عمل العقل البشري يجعل الفرد يعيش بعيدا عما يدور حوله أو بعيدا عن الواقع، وقد يسقط فريسة لأحلام اليقظة. وتشغيل العقل البشري بعشوائية وعفوية هو الطريق الأسهل للكثير من الناس حتى لا يكلفوا أنفسهم عناء التنظيم.

وتأتي عملية تنظيم الفكر في برمجة العقول البشرية كمرحلة تالية ومكملة لتراكم وتدفق المعلومات، وعندما ننجح في تراكم المعلومات ونموها وقبول الجديد أولا، سوف يهيئ ذلك لنا الطريق في القيام بعملية التنظيم لإدارة الفكر.

وتنظيم الفكر تعني فتح ملفات في العقل البشري والسيطرة على ما فيها من معلومات من حيث القدرة على التخزين أو التعديل أو الاسترجاع والاستخدام.

وإدارة النظام الفكري يعني الربط بين ما يوجد بملفات العقل البشري، وبين ما يدور من أحداث في الوقت والزمان المناسب.

وإدارة نظام التفكير تتطلب إخضاع عملية التفكير لإرادتنا والسيطرة على حركة خروج ودخول المعلومات، مع التركيز في الموضوعات التي نبحثها، واستخدام مخزن المعلومات والأفكار والخبرات بشكل مناسب.

وتحتاج عملية تنظيم الفكر إلى وسائل لتحقيق ذلك، وهي:

1- تحديد المنهج المستخدم في عملية التفكير.

2- فتح ملفات لحفظ المعلومات والأفكار والخبرات.

3- نظام التكويد يسهل التعامل مع المخزون التراكمي النامي.

4- نظام عياري لضبط عملية التفكير (الإرادة) حتى تظل دائما داخل حدود البرنامج؛ حيث تظل عملية التفكير هادفة.

ويدخل ضمن عملية تنظيم الفكر مراعاة السعة العقلية، والتي غالبا ما تأخذ في النمو من الصفر حتى تصل إلى مرحلة النضج الكامل في الفترة من 20-30 عاما، ثم تقل تدريجيا بعد ذلك، ولذلك فلم تعد طبيعة العقل في عالمنا الحديث هي حفظ كل ما يصل إليه من معلومات بتفاصيلها، ولكن أصبحت وسائل الحفظ الإلكترونية لإدخال المعلومات وتحليلها واستخراج النتائج.

العقول البشرية تعمل من خلال نظم خاصة للتفكير تختلف من فرد لآخر، ولكنها قد تتشابه في بعض القواعد بالنسبة لمجتمع واحد أو لجيل معين... ويدفعنا ذلك إلى محاولة التعرف على العوامل المحددة أو المؤثرة في تكوين برامج التفكير أو عملية برمجة العقول لدينا.

وقد يبدو الأمر صعبا ومعقدا نظرا لتداخل عوامل عديدة في عملية البرمجة بعضها قد يبدو ذاتيا أو وراثيا، والبعض الآخر قد يبدو اجتماعيا أو سياسيا أو اقتصاديا أو ثقافيا..وهكذا.

إلا أن ذلك لا يعني الهروب من محاولة الإمساك ببعض المدخلات التي يمكن التعامل معها كي تتم عملية البرمجة.

ويشير محمد عبدالغني هلال إلى أن العقل البشري أسقط الكثير من الأساليب التي ثبت عدم صلاحيتها للتفكير العلمي، حتى استطاع هذا التفكير أن يحقق سماته المميزة له، وبطبيعة التطور استطاع العقل البشري أن يكون جزء من عملية التطور نفسها وقائدا لها في الوقت نفسه.

وخلال هذا التطور كان التفكير يتم بطرق يعتقد الناس أنها الصحيحة، وهي التي تقودهم إلى الحقيقة في زمانهم ومكانهم، إلا أ،هم بطبيعة الأمور وتطورها لم تصمد إلا تلك الحقائق التي أثبتت قدرتها على بناء المعرفة التي تزيد من قدرة الإنسان على بناء نفسه، والإدراك الصحيح والواقعي للعالم المحيط به.

مفهوم التفكير الإنساني:

التفكير Thinking هو الوظيفة الرئيسية للعقل. وهو بدوره نعمة ميز الله بها الإنسان عن باقي الكائنات.

- التفكير عملية عقلية يقوم بها العقل عندما يواجه بموقف ما.
- التفكير عملية استخدام العقل في محاولة لحل المشكلات التي تواجه الإنسان.
- التفكير هو جمع المعلومات واستخدامها الاستخدام الأمثل في المواقف المختلفة.
- ويمكن تعريف التفكير بأنه التقصي المدروس للخبرة من أجل تحقيق هدف ما.

ما هي أهداف التفكير الإنساني؟

والإنسان يفكر لتحقيق أهداف عديدة، نذكر منها:

1- الفهم.

2- التخطيط.

3- اتخاذ القرارات.

4- حل المشكلات.

5- الحكم على الأشياء.

6- القيام بعمل ما.

النموذج الفكري للإنسان:

في كتابه عن إدارة السلوك الإنسان (1997) قدم علي السلمي نموذجا فكريا للإنسان على النحو التالي: «يعمل عقل الإنسان (الآلة الفكرية) من خلال عمليات ذهنية متشابكة ومتداخلة يغذيها عنصر واحد من المعلومات».

هذه العمليات الذهنية هي:

أولا	: الإدراك	Perception
ثانيـــا:	التعلم	Learning
ثالثـا:	الاتجاهية	Attitude Formation
رابعــا:	الدافعية	Motivation
خامسا:	التقرير	Deciding

ويشرح علي السلمي هذه العمليات كالتالي:

أولا: الإدراك Perception

هو إحساس الإنسان بما حوله، واستقباله للمتغيرات والمؤثرات، قم فهمها وتحليلها بطريقة معينة، فالإدراك شقان:

1- الإحساس أو الشعور Sensation (أي استقبال المثيرات).

2- الفهم والتصور Interpretation.

ومن خلال الإدراك يتم تصنيف المعاني (المعلومات، والأشخاص، الأشياء...) إلى مفاهيم Concepts وهي مجموعات منظمة ومتجانسة من المعاني، كما يتم تكوين المعرفة (أي التعرف) Cognition.

ثانيا: التعلم Learning

يمر الإنسان بمواقف اجتماعية وفردية يتعرض فيها لمخاطر أو يحصل منها على منافع، كذلك يتعرف الإنسان على مواقف مر بها آخرون وتعرضوا فيها لمخاطر أو حصلوا منها على منافع.

ومن خلال هذه التجارب المباشرة أو غير المباشرة يكتسب الإنسان معلومات جديدة توضح له أحد أمرين مهمين هما:

1- أن السلوك الذي مارسه أثناء التجربة أدى أو سيؤدي إلى ضرر أو منفعة حسب الأحوال.

2- أنه إذا أراد على المنفعة فعليه التماس السلوك الذي سيؤدي إلى ذلك.

فالتعلم هو اكتساب سلوك جديد يتحقق به للإنسان قدرة على مواجهة المواقف، لتحقيق منافع أو تجنب مضار.

ومن ثم، فإن التعلم هو السلوك المتجدد، ولو عدنا لما سبق لوجدنا الإدراك يلعب دورا في إحداث التعلم كذلك.

ثالثا: الاتجاهية   Attitude Formation

الإنسان يدرك، الإنسان يتعلم، الإنسان يريد (يرغب)، الإنسان يوافق أو لا يوافق، يؤيد، يناصر أو يعارض. أي تتكون لدوى الإنسان اتجاهات بحسب ما يدركه، ويتعلمه، وما يرغبه.

فالاتجاه هو وصف لوجهة نظر الإنسان حيال: شيء، موضوع، إنسان آخر، فكرة، مكان...

1-   العنصر الانفعالي (العاطفي) مثل: الحب، الكراهية، التفاؤل...

2-   العنصر العقلاني: الأسباب، المقدمات، النتائج، الكسب ...

3-   الميل للتصرف أي ترجمة الانفعال والتدبر إلى سلوك وفعل Action.

ولا ينشئ الاتجاه من فراغ ولا يتجه إلى فراغ، بل الاتجاهات ظاهرة اجتماعية (مجتمعة) تتم في تفاعل الإنسان مع غيره وتوجه سلوكه حيال الغير.

رابعا: الدافعية Motivation

الدوافع هي تعبير عن حاجات يريدها الإنسان ويسعى إلى إشباعها، كما تعتبر الدوافع قوى محركة للسلوك تدفعه في المجالات وإلى المستويات التي تساعد الإنسان على تحقيق رغباته.

وللدوافع أنواع نذكر منها:

• إيجابية	أو	سلبية
• شعورية	أو	لا شعورية
• مادية	أو	معنوية
• نشطة	أو	خامدة

وللدوافع خمس وظائف سلوكية هي:

1- تنشئ السلوك.

2- تحدد مجال (اتجاه) السلوك.

3- تحدد قوة السلوك.

4- تحدد استمرارية السلوك.

5- تنهي السلوك.

وإذا ترجمنا هذه العمليات الفكرية في صورة نظام متكامل نجد التالي:

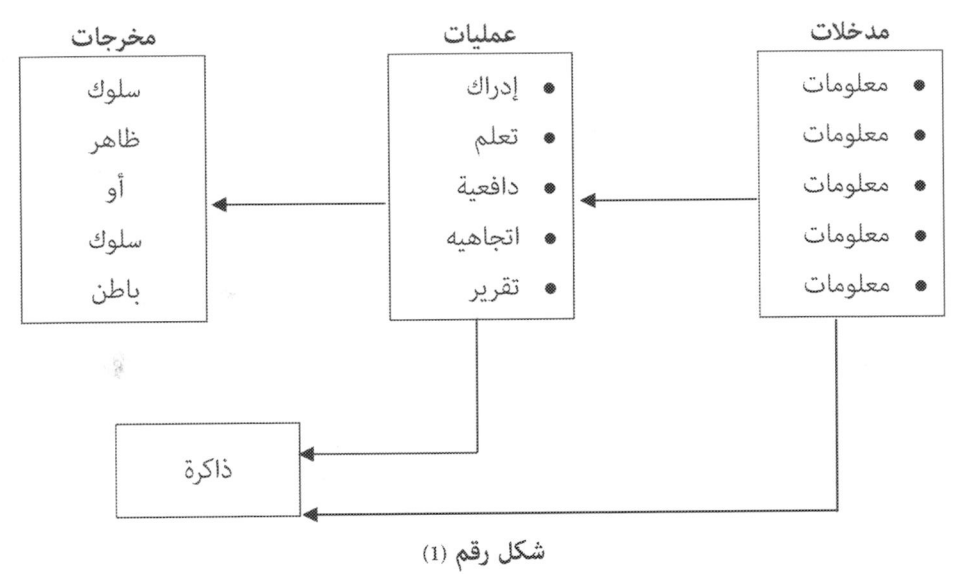

شكل رقم (1)

النظام المتكامل للعمليات الفكرية لدى الإنسان

ويستمد الإنسان من البيئة معلومات متعددة في صور شتى (حتى وهو نائم)، تلك المعلومات يتم إدراكها ومنها يتعلم الإنسان (يكتسب سلوكا جديدا) ويكون اتجاهاته.

ومن ثم تتبدى له الفرص والمعوقات، أي تواجه الإنسان مشكلة اتخاذ القرار، فإذا اتخاذ قراره فإن ذلك يترجم إلى سلوك ظاهر أو باطن (مختزن لنفسه في نفسه) وكل هذا يسجل في الذاكرة (مخ الإنسان).

خامسا: التقرير Deciding

الإنسان يدرك، الإنسان يريد أن يتعلم، الإنسان يتخذ مواقف، ومن خلالها تتبدى للإنسان فرص Opportunities أو معوقات Constraints، ولانتهاز الفرص أو تجنب المعوقات، فالإنسان يواجه مشكلات لها آثار سلبية أو إيجابية أو لها عوائد سلبية أو إيجابية، ويحتاج الإنسان هنا إلى اتخاذ قرار.

وتتخلص عملية التقرير في:

1- تحديد المشكلة.

2- تحيل أسبابها وآثار وعوائدها.

3- استكشاف الحلول البديلة ومقارنتها.

4- اختيار الحل (الحلول) الأفضل أي القرار.

هذا وينظر للعقل على أنه مخزن للمعلومات، وأن هذه المعلومات تخزن فيه بعد تعلمها عن طريق الحفظ، والتذكر Remembering هي إحدى العمليات العرفانية التي يقوم بها الإنسان وتعد واحدة من المكونات الأساسية للبناء العرفاني، ويقصد بالتذكر استرجاع ما سبق أن تعلمه الفرد واحتفظ به من معلومات حتى لحظة تذكره. والاسترجاع Recall يعد شيء غير ماثل أمام الحواس.

العوامل المؤثرة على نظم تشغيل العقل الإنساني:

هناك عوامل عديدة تؤثر على نظم تشغيل العقل الإنسان، عرض محمد عبدالغني هلال أهم هذه العوامل كالتالي:

1- مرونة التفكير.

2- التفكير المحدود والمنطلق.

3- الاستعداد الإنساني.

4- الدافعية والطاقة العالية.

5- الصحة النفسية.

6- المناخ (الوسط/ البيئة المحيطة بالإنسان).

7- العمر.

8- النمو.

وعلى سبيل المثال يمكن شرح بعض هذه العوامل كالتالي:

1- مرونة التفكير Flexibility of Thinking:

المقصود بمرونة التفكير - كما يرى محمد عبدالغني هلال - إعادة البناء السريع والمناسب للمعلومات وأنظمة المعارف طبقا للتطوير والتحديث الدائم.

ومرونة التفكير تشمل القدرة على تغيير شكل صياغة أو إدراك الأمور عندما لا يكون الشكل السابق فعالا.

إن عدم توافر مرونة التفكير كأحد نظم التشغيل في البرنامج العقلي، يعني الاحتفاظ بنظم التفكير السابق عند تناول الحديث، أي عدم التحرك من الحلول السابقة للمشكلات (المتاحة) إلى حلول جديدة للمشكلات (الممكنة)، وهذا ما نطلق عليه النمطية أو الجمود أو الصلابة في التفكير.

ولكن كيف يمكن إدخال المرونة ضمن نظام تشغيل العقل البشري؟

ترتبط المرونة بقدرة العقل البشري على تحقيق النقلات الديناميكية في التفكير، وإعادة بناء عناصر التفكير ثم الانتقال عبر مراحل التحليل والتركيب للأفكار.

وترتبط المرونة ارتباطا كبيرا بالمثابرة في البحث عن الحلول المناسبة، حيث إن التسرع يعني أن تكون الحلول سطحية وضعيفة، فالمرونة تعني بالدرجة الأولى اختلاف وتعدد الرؤية بشكل وتقنيات إعداد المشكلة.

وتحتاج المرونة إلى غزارة الأفكار، والغزارة البسيطة لا تكفي من أجل حدوث العمليات الابتكارية أو الإبداعية، ولكن يجب أن تكون الأفكار متوسطة أو غزيرة جدا.

ولكن ماذا تعني كلمة الغزارة أيضا؟ هل هي غزارة في الكلمات أو الجمل (ترابط الكلمات) أو في الأفكار أو المعاني نفسها؟

ويبدو أنه من الصعب الإجابة عن السؤال السابق، حيث إنه من الصعب فصل الكلمات عن الجمل أو المعاني عند اعتبار الغزارة الفكرية أساسا للتفكير الابتكاري أو الإبداعي.

فالغزارة هي جزء من التفكير الذي يعد إنتاج أفكار جديدة، وهي استعداد كلامي يتعلق بالمؤثرات التربوية إلى حد بعيد.

ولا تنطلق عملية الغزارة الفكرية من فراغ، فهي تحتاج - كما يبدو - إلى المعلومات والتجارب المتراكمة لتحقيق الوعي والفهم المناسب للمشكلات، بل وفي اتخاذ القرارات أيضا.

ولا تشتق المرونة من الاستعدادات الأولية للفرد فقط، وإنما ترتبط بخصائص المزاج أيضا، ونمو المرونة يرتبط بالتكامل الحركي وبالنضج الانفعالي، والراحة العصبية تجاه ما يقدمه للواقع من أحداث ومؤثرات. أي نستطيع أن نقول أن ارتباط المرونة بالحالة المزاجية لا يظهر إلا عند أولئك الذين يمسكون بزمام الأمور ويتحكمون بانفعالاتهم.

إن المفكر المبدع قبل كل شيء مرن ومتكيف مع وظيفته العقلية، هو لا يتوقف

عند اللحظة الراهنة، بل يعيد أفكاره باستمرار، بينما الإنسان الصارم الجامد يقتنع بالطابع المنطقي للآراء والأفكار المعروضة عليه، ولا يسمح بدخول تغييرات على معرفته التي غالبا ما يعتبرها حقائق كلها.

ومثل هذا الإنسان تكون المرونة لديه معطلة، حيث يعمل تفكيره في إطار نظام من النمطية.

2- الدافعية والطاقة العالية:

ويشرح محمد عبدالغني هلال هذا العامل كالتالي: يتميز الأشخاص المبدعون والمبتكرون بدافعية قوية وطاقة عالية في المثابرة على العمل وحب الاستطلاع والإطلاع وجمع المعرفة وتجميع المعلومات. وكل ذلك يمثل قوة دافعية للنشاط المعرفي للإنسان.

ويبدو تأثير الدافعية على الإنسان واضحا في اتجاهين:

الاتجاه الأول:

وهي الدافعية الداخلية، التي تنطلق من الداخل من هدف مرسوم يظهر الرغبة في البحث والمعرفة والشعور بالسعادة في اكتشاف الواقع وتقديم الأفكار الجديدة، ويؤكد هذا الدور الرئيسي والمهم للدوافع الداخلية في التفكير بشكل مبتكر ومبدع.

الاتجاه الثاني:

حيث تؤثر الظروف الخارجية المحيطة بالإنسان على حركته وحركة عقله وفكره نحو تشغيل العقل بكفاءة، مثل السعي أو الرغبة في الحصول على مكانة أو موقع أو لقب معين في المجتمع.

وليس معنى أن يكون للدفاعية الداخلية دور حاسم في تشغيل العقل بكفاءة

أن يكون لها السيطرة الكاملة، حيث أن ذلك يعني أن الفرد سيركز على الاهتمامات الشخصية بدلا من موضوع المعرفة. وتشغيل العقل بدرجة عالية من الكفاءة يتطلب ألا يكون من أجل مساعدة ورفاهية المجتمع المحيط، حيث يسعه أيضا لدفع عمليات التطوير والتقدم الاجتماعي من خلال تأمين متطلبات القوى الاجتماعية الصاعدة عبر ما يقدمه لها من أفكار وإنتاج جديد يسهل من استمرارها.

ويجب على المجتمعات المختلفة أن تهيئ الفرصة والظروف من أجل إثارة وتحريض الدافعية الداخلية والخارجية للتأثير على الأفراد، حيث إنهما المحرك الرئيسي لتشغيل العقول. حيث يتضح ذلك من ظهور بعض السمات مثل العمل الجاد والرغبة في اقتحام المجهول للبحث عن الأحسن والأفضل بصورة دائمة الاستقلالية في التفكير والممارسة وعدم الخضوع للأعراف والمفاهيم الجامدة، والتحريض الدائم للفكر من أجل الخوض في المسائل الصعبة والغامضة والوضوح والوصول إلى الحقائق.

ويجب الإشارة في هذا السياق إلى ضرورة التفاعل بين الاستعدادات والاتجاهات من خلال صياغة الاتجاهات في إطار اجتماعي أخلاقي مثل الإخلاص في العمل، وحب المهنة، والمعايشة الكاملة للأداء حيث تمثل كلها دوافع ونتائج سلوكية في نفس الوقت.

وهناك عوامل سلبية في الاتجاهات السابقة نحو صناعة برنامج فعّال لتشغيل العقل الإنساني بكفاءة، حيث تكبح أو تُعيق عملية التشغيل، مثل عدم القدرة على اتخاذ القرارات والتردد والجبن وعدم الثقة بالنفس، والخوف من النقد والجمود، أو النقد المفرط للذات، والخجل.

التفكير الإستراتيجي:

يشير التفكير الإستراتيجي Strategic Thinking - كما يوضح ذلك عبدالحميد عبدالفتاح المغربي - إلى توافر القدرات والمهارات الضرورية لقيام الفرد بالتصرفات الإستراتيجية البيئية المختلفة، والقيام بإجراء التنبؤات المستقبلية الدقيقة، مع إمكانية صياغة الإستراتيجيات واتخاذ القرارات المتكيفة في ظروف التطبيق والقدرة على كسب معظم المواقف التنافسية، بالإضافة إلى إدراك الأبعاد الحرجة والمحورية في حياة المنظمة والاستفادة من مواردها النادرة.

ومن أهم خصائص التفكير الاستراتيجي المتميز نذكر:

1- أنه تفكير مستقبلي.

2- أنه تفكير إيجابي.

3- أنه تفكير تفاؤلي.

4- أنه تفكير طموح.

5- أنه تفكير واقعي.

6- أنه تفكير ابتكاري/ إبداعي.

7- أنه تفكير جماعي.

8- أنه تفكير مبني على الحقائق.

9- أنه تفكير مرن.

ومن أهم خصائص الأفراد ذوي التفكير الإستراتيجي ما يلي:

1- القدرة على بناء الغايات.

2- البصيرة النافذة والفراسة في وزن الأمور.

3- الاستشعار البيئي.

4- مهارة تحليل البيانات والمعلومات وتفسيرها.

5- مهارة الاختيار الإستراتيجي.

6- مهارة تحديد الموارد والإمكانات المتاحة واستخدامها بكفاءة.

7- التجاوب الاجتماعي بين المنظمة وبيئتها المحيطة.

8- مواكبة عولمة الفكر الإداري.

9- القدرة على اتخاذ القرارات الإستراتيجية.

ما هو معامل الذكاء الاستراتيجي لمنظمتك؟

أشارت بعض الكتب المهتمة بموضوع التخطيط الاستراتيجي إلى أهمية قياس معامل الذكاء الاستراتيجي للمنظمة التي تعمل بها. واقترحت هذه الكتابات الأسئلة التالية التي يمكن أن تساعد الإجابة عنها في تحديد معامل ذكاء منظمتك الاستراتيجي:

- هل حددت الإدارة العليا في منظمتك بوعي وإدراك؟ ماذا تريد أن تصير إليه المنظمة – بالنسبة لطبيعة واتجاه نشاط الأعمال – على امتداد السنوات القليلة القادمة؟

- هل تعرف خصائص إستراتيجية منظمتك؟

- هل يرغب كل من المديرين الرئيسيين الآخرين المشاركة في نفس النظرة إلى الاتجاه الاستراتيجي المستقبلي لمنظمتك؟

- هل إستراتيجيتك على درجة من الوضوح بحيث يمكنك والمديرين من حولك الموافقة على الفور على أي من المنتجات والأسواق الجديدة ترى إستراتيجيتك الحالية أن تشملها أو تستبعدها.

- هل تطبق ما تنص عليه الإستراتيجية في إجراء الاختيارات المستقبلة للمنتج والسوق؟ (على خلاف إجراء مثل هذه الاختيارات على أساس تحليل التكلفة/ العائد، وتوفر القوى العاملة والمهارات المطلوبة وغير ذلك).

- وهل تُجري مداولات الإستراتيجية منفصلة عن جهودك في التخطيط طويل المدى؟

- هل تحدد إستراتيجيتك المستقبلة بوضوح؟ ما هي خطتك ومشروعاتك وميزانيتك؟ (إن الخطط والتوقعات والميزانية هي التي تحدد الإستراتيجية وليس العكس).

- هل تستخدم الافتراضات التي تضعها عن البيئة في صياغة الإستراتيجية؟ (وليس أنها تستخدم أساسا كقاعدة للتنبؤات بالتخطيط طويل المدى).

- هل تحدد إستراتيجيتك المستقبلة بوضوح قراراتك المتصلة بالتوريدات وتخصيص رؤوس الأموال والنظم الجديدة؟ (وليس أنها في الحقيقة هي التي تحدد إستراتيجيتك).

- هل يتوفر لقطاعاتك التنفيذية أو وحدات الأعمال استراتيجيات محددة واضحة النص؟

- هل تدعم استراتيجيات هذه القطاعات التنفيذية أو وحدات الأعمال الإستراتيجية الكلية تدعيما كاملا؟

- هل تتوفر لإدارتك الرئيسية استراتيجيات محددة واضحة النص؟

- هل هذه الاستراتيجيات تساند وتدعم بالكامل استراتيجيات وحدات الأعمال والتجارة في الشركة؟

- هل يراجع الأداء الكلي لمنظمتك ووحدات الأعمال بها على مستوى الأداء الاستراتيجي والنتائج لعملية كليهما.

وكلما زاد عدد الأسئلة التي تجيب عليها «بنعم» مؤكدة، كانت إستراتيجية منظمتك غير سليمة. أما إذا كانت إجابتك كلها بكلمة «لا» فإنك ربما تستطيع حينئذ أن تشبع إستراتيجية منظمتك إلى مثواها الأخير. إنها رسميا في عداد الموتى. ومهما كان رقم «معامل الذكاء الاستراتيجي» لديك، فقد صمم باقي الكتاب ليساعدك على تحسين هذا الرقم.

الفصل الرابع
الإدارة الإستراتيجية

أشتمل هذا الفصل على:

- 📖 تعريف الإدارة الإستراتيجية.
- 📖 مزايا الإدارة الإستراتيجية.
- 📖 مراحل الإدارة الإستراتيجية.
- 📖 عملية الإدارة الإستراتيجية.
- 📖 القرارات الإستراتيجية.
- 📖 المدير الإستراتيجي
- 📖 تمرين: مقارنة بين المدير التقليدي والمدير الإستراتيجي.

الفصل الرابع

الإدارة الإستراتيجية

تعريف الإدارة الإستراتيجية

هناك تعريفات عديدة للإدارة الإستراتيجية Strategic Management نذكر منها على سبيل المثال:

1- الإدارة الإستراتيجية هي عملية اتخاذ القرارات المتعلقة بتحديد اتجاه المنظمة وصياغة وتنفيذ إستراتيجياتها بما يحقق أهدافها ورسالتها.

2- الإدارة الإستراتيجية: هي عملية تحديد رسالة أو غاية المنظمة وأهدافها وتحديد إستراتيجياتها كسبيل لبلوغ الأهداف في بيئة متغيرة، مع تنفيذ هذه الإستراتيجيات وتقييم مدى التقدم ونتائج التنفيذ.

3- الإدارة الإستراتيجية هي الطريقة التي تقوم بها الإدارة العليا (بمعاونة جميع أعضاء المنظمة) بصياغة وتنفيذ إستراتيجية أو إستراتيجيات معينة للوصول إلى الاتجاه الذي اختارته المنظمة لنفسها في المستقبل.

4- الإدارة الإستراتيجية تتضمن جميع أوجه الإدارة من تخطيط وتنظيم وقيادة ورقابة ولكن على مستوى إستراتيجي (أي على مستوى المنظمة ككل وفي نطاق زمن طويل.

5- الإدارة الإستراتيجية هي عملية تحديد أهداف أي منظمة وتطوير السياسات والخطط لتحقيق هذه الأهداف وتحديد وتوفير الموارد لوضع الخطط موضع التنفيذ.

6- الإدارة الإستراتيجية هي العملية الخاصة بإدارة مهنة التنظيم من حيث تحديد المنظمة وغاياتها وإدارة علاقتها التنظيمية والبيئية خاصة مع الأطراف المؤثرة والمتأثرة بنشاط المنظمة، والمقومات الأساسية التي تواجهها في بيئتها الداخلية والخارجية، ومن ثم فالإدارة الإستراتيجية تهتم بصورة جوهرية بتصرفات وممارسات الإدارة العليا والتي يمكن ترجمتها في صورة عملية متتابعة.

7- الإدارة الإستراتيجية تُعنى باتخاذ القرارات المتعلقة ببقاء المنظمة وتفوقها في السوق أو سقوطها واختفائها من السوق وتشييعها إلى مثواها الأخير، ومن ثم فهي تحرص على استخدام الموارد التنظيمية المتاحة أفضل استخدام ممكن بما يتواءم مع متغيرات البيئة الداخلية والخارجية.

8- الإدارة الإستراتيجية هي رسم الاتجاه المستقبلي للمنظمة وبيان غاياتها على المدى البعيد، واختيار النمط الإستراتيجي الملائم ذلك في ضوء العوامل والمتغيرات البيئية داخليا وخارجيا ثم تنفيذ الإستراتيجية وتقويمها.

9- الإدارة الإستراتيجية تمثل عملية اتخاذ القرارات المتعلقة بتخصيص وإدارة موارد المنظمة من خلال تحقيق العوامل البيئية بما يعين المنظمة على تحقيق رسالتها والوصول إلى غاياتها وأهدافها المنشودة.

10- الإدارة الإستراتيجية هي تصور الرؤى المستقبلية للمنظمة، ورسم رسالتها وتحديد غاياتها على المدى البعيد وتحديد أبعاد العلاقات المتوقعة بينها وبين بيئتها بما يسهم في بيان الفرص والمخاطر المحيطة بها، ونقاط القوة والضعف المميزة لها، وذلك بهدف اتخاذ القرارات الإستراتيجية المؤثرة على المدى البعيد ومراجعتها وتقويمها.

11- الإدارة الإستراتيجية هي عملية القرارات التنظيمية التي تهدف إلى تدعيم القدرات التنافسية في الأجل الطويل.

12- الإدارة الإستراتيجية هي فن صياغة وتنفيذ وتقييم القرارات التنظيمية التي تساعد المنظمة على تحقيق أهدافها.

13- Strategic Management:

- identify the task.
- ascertain the resources required to do it.
- draw up a strategy for achieving it.
- decide on the structure to be adopted.
- identify additional training required.
- decide how monitoring and evaluation is to be carried out.
- consult and communicate properly at all stages.

في ضوء ما سبق يمكن تعريف الإدارة الإستراتيجية بأنها عملية اتخاذ القرارات الإستراتيجية المتعلقة بتحديد رؤية ورسالة وأهداف وإستراتيجية المنظمة لتحقيق أهدافها طويلة المدى بكفاءة وفعالية مع إعطاءها ميزة تنافسية عن المنظمات العاملة في نفس المجال أو القطاع.

والإدارة الإستراتيجية تمثل أعلى مستويات النشاط الإداري ويضطلع بها عادة مديرو المنظمة التنفيذيون وفريق العمل التنفيذي.

وتهدف الإدارة الإستراتيجية إلى تزويد المنظمة بالتوجه العام الذي يحدد حركتها، هو توجه لا يمكن عزله عن الموارد المتاحة للمنظمة والظروف التي تعمل فيها وجملة الأهداف العليا التي تسعى لتحقيقها.

فعلى سبيل المثال فإن:

الإدارة الإستراتيجية للموارد البشرية هي مدخل أو إطار لصنع القرارات الإستراتيجية بشأن العاملين بالمنظمة، على كافة المستويات التنظيمية، وتتوجه هذه

الإدارة الإستراتيجية - تحت مظلة الإستراتيجية العامة للمنظمة - لتهيئة ميزة تنافسية للمنظمة والمحافظة عليها. إنها تعبير عن الاتجاه العام للمنظمة لبلوغ أهدافها الإستراتيجية (طويلة الأجل) من خلال مواردها البشرية، التي تسهم بجهودها في تنفيذ الخطة الإستراتيجية للمنظمة.

تعطي إستراتيجية الموارد البشرية - أيضا- مجالات عديدة مثل ثقافة المنظمة وتدبير الموارد البشرية وتطويرها وتحفيزها، والعلاقات معها، وإدارة التغيير، وإشعال المنافسة الإيجابية على مستوى فرق العمل، مستوى العاملين كأفراد، ومقابلة الموارد البشرية المتاحة كما ونوعا بالاحتياجات المستقبلية لأنشطة المنظمة. وبشكل عام فهي - إستراتيجية الموارد البشرية- ستؤثر في كل ما يتعلق بالموارد البشرية، ويؤثر أو يتأثر بالخطط الإستراتيجية (طويلة الأجل) للمنظمة، وصولا إلى دعم الإستراتيجية التنافسية للمنظمة.

وتهدف الإدارة الإستراتيجية للموارد البشرية - كما يوضح ذلك أحمد سيد مصطفى - إلى تحديد توجهات وخطط المنظمة للإفادة من مواردها البشرية في تحقيق أهدافها. إنها إدارة تتوجه باحتياجات وتوقعات السوق (العملاء) سعيا لتحقيق ميزة تنافسية مستمرة.

مزايا الإدارة الإستراتيجية:

الإدارة الإستراتيجية تحقق مزايا عديدة لأي منظمة نذكر منها:

1- الإدارة الإستراتيجية أداة من أدوات إدارة التغير أو تحويل المنظمات.

2- التخطيط الإستراتيجي لا ينجح بمنأى عن الإدارة الإستراتيجية والقيادة الإستراتيجية.

3- تكيف المنظمة مع البيئة بما ينطوي عليه ذلك من تنمية الفرص وتفادي التهديدات

4- الاستخدام الأمثل للقدرات الذاتية للمنظمة سواء مادية أو بشرية.

5- تحقيق مزايا تنافسية للمنظمة فيما يتعلق بالمنتج أو السعر أو الجودة أو غيرها.

مراحل الإدارة الإستراتيجية:

تمر الإدارة الإستراتيجية بأربعة مراحل هي كالتالي:

التوقعات والأهداف

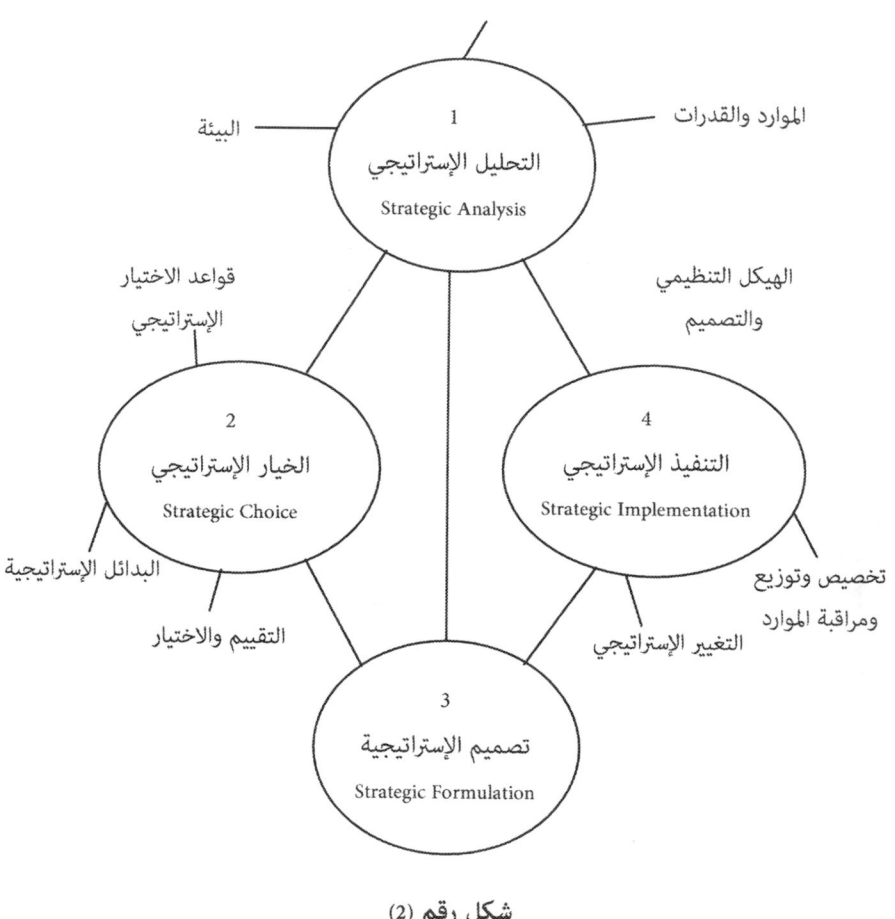

شكل رقم (2)

مراحل الإدارة الإستراتيجية

بينما يرى عادل زايد أن مراحل الإدارة الإستراتيجية هي كالتالي:

المرحلة الأولى: التحليل الإستراتيجي: السؤال الأساسي في هذه المرحلة هو: «أين نحن الآن؟»

المرحلة الثانية: مرحلة صياغة الإستراتيجيات: والسؤال الأساسي في هذه المرحلة هو: «إلى أين نريد أن نذهب؟»

المرحلة الثالثة: مرحلة تنفيذ الإستراتيجيات: والسؤال الأساسي في هذه المرحلة هو: «كيف نصل إلى هناك؟»

المرحلة الرابعة: تقييم الإستراتيجيات: والسؤال الأساسي في هذه المرحلة هو: «كيف نعرف أننا وصلنا؟»

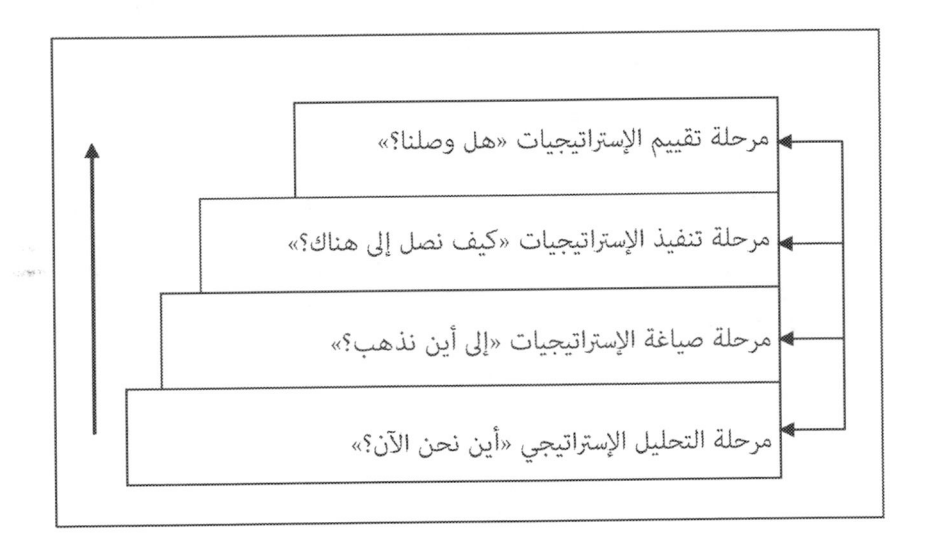

شكل رقم (3)

مراحل الإدارة الإستراتيجية

والجدول التالي يوضح أشكال مشاركة المستويات الإدارية في كل مرحلة من مراحل الإدارة الإستراتيجية:

جدول رقم (1)

مشاركة المستويات الإدارية في الإدارة الإستراتيجية

المراحل / المستويات	مراحل الإدارة الإستراتيجية		
	تصميم الإستراتيجية	تنشيط الإستراتيجية	وضع الإستراتيجية
الإدارة العليا	إعطاء إرشادات عامة بناء على مفاهيم وقيم محددة	اعتماد اقتراحات محددة	عملية التدخل بين المواقع التنظيمية المختلفة
الإدارة الوسطى	المواجهة والموازنة	التطويع	التنفيذ
الإدارة الإشرافية	تقديم مقترحات محددة	التجربة والاستعداد	الأسئلة والاستفسارات

عملية الإدارة الإستراتيجية:

يمكن توضيح عملية الإدارة الإستراتيجية من خلال الشكل التالي:

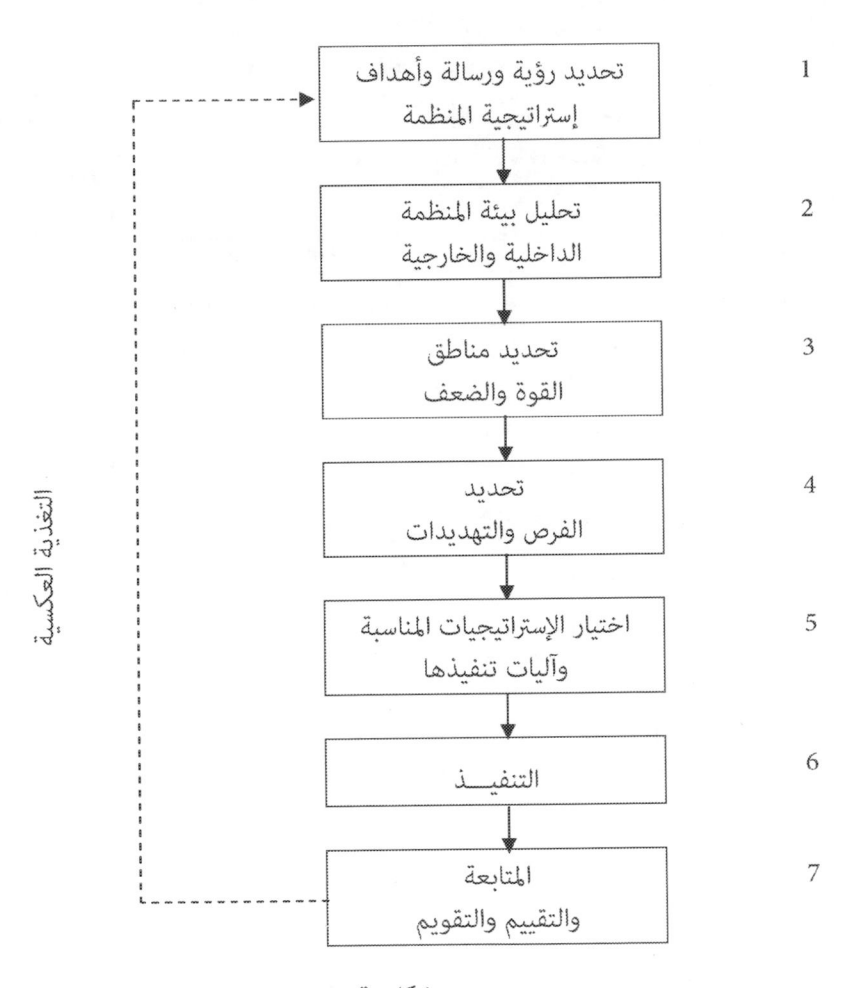

شكل رقم (4)

عملية الإدارة الإستراتيجية

المدير الإستراتيجي:

تتطلب الإدارة الإستراتيجية مديرين يتسمون بالمبادأة والخيال والرؤية المستقبلية، والقدرة على تحليل المتغيرات البيئية واكتشاف الفرص السوقية أو خلقها.

واستشراف المتغيرات المستقبلية، مديريون يتحلون بأفكار وتوجهات التغيير الإستراتيجي، فيضعون تساؤلات أساسية يجيبون عليها؛ أين نحن الآن؟ وأين نود أن نكون بعد خمس سنوات؟ وما هي الإستراتيجيات التي نصممها ونسير عليها لنصل حيث نود أن نكون؟. المديرون الإستراتيجيون لديهم إذن قدرة على تخيل وتصميم سيناريوهات مستقبلية وتقييمها واختيار أنسبها. لديهم قدرة على إدارة عملية التغيير تحت مظلة من القيادة الإستراتيجية المسلحة بقيم ثقافة تنظيمية فاعلة.

بمعنى أن المديرون الإستراتيجيون يوجهون المنظمة بدء من الانتقال من مجرد العمليات الإدارية اليومية القادرة على تحقيق التغيير في البيئة بما يحقق توجيها فعالا بصورة أفضل لمنظماتهم، وبحيث يكون المنظور الجديد متوجها أساسا إلى المستقبل مع عدم إهمال الماضي، وفي نفس الوقت إدراك الواقع والموقع الذي تقف فيه منظماتهم.

وفي شكل نقاط يمكن تحديد **بعض مسئوليات المديرون الإستراتيجيون كالتالي:**

1- تحديد العمل المطلوب القيام به والمهام الواجب إنجازها.

2- التأكد من وجود الموارد المطلوب لإنجاز العمل والمهام.

3- وضع وصياغة إستراتيجية لتحقيق ذلك.

4- اتخاذ قرار بشأن الهيكل الواجب تبنيه.

5- تحديد متطلبات التدريب الإضافية.

6- اتخاذ قرار بشأن كيفية القيام بالمراقبة والتقييم.

7- القيام بالتشاور والاتصال والتواصل بطريقة صحيحة في كافة المراحل.

القرارات الإستراتيجية Strategic Decisions:

إن اتخاذ القرارات عملية مطلوبة يحتاج إليها ويقوم بها كل شخص سواء كان مديرا أو غير مدير. فكل منا يتخذ مجموعة من القرارات اليومية تتفاوت في درجة بساطتها أو تعقدها، كما أن بعضها يدخل في إطار بعض الأمور الروتينية التي يؤديها الفرد في حياته اليومية، والبعض الآخر يظهر نتيجة أمور مفاجئة وغير متوقعة.

تعريف القرار:

هناك تعريفات عديدة لمصطلح القرار نذكر أشهرها كالتالي:

1- القرار هو الاختيار بين عدة بدائل مطروحة بقصد تحقيق هدف أو عدة أهداف.

2- القرار هو إصدار حكم معين عما يجب أن يفعله الفرد في موقف معين بعد دراسة البدائل المختلفة.

3- القرار هو عملية اختيار البديل الذي يحقق أقصى ربح أو هدف.

4- القرار هو عملية تتكون من مراحل تتمثل في تحقيق الهدف عن طريق تحديد البدائل التي يمكن إعمالها ثم التوصل إلى الاختيار النهائي للبديل ثم تنفيذه.

أهمية القرار:

يمثل اتخاذ القرار قلب العملية الإدارية، فعندما تمارس الإدارة وظيفة التخطيط فإنها تتخذ قرارات معينة في كل مرحلة من مراحل وضع الخطة وعند تحديد الأهداف ورسم السياسات والبرامج وعندما تضع الإدارة التنظيم الملائم لأنشطتها فإنها تتخذ قرارات بشأن الهيكل التنظيمي نوعه وحجمه وأسس تقسيم ونطاق الإشراف.

وعندما يمارس المدير وظيفة القيادة فهو يتخذ مجموعة من القرارات عن توجيه مرؤوسيه واستشارة دوافعهم وتحفيزهم.

وعندما تؤدي الإدارة وظيفة الرقابة فإنها تتخذ قرارات بشأن تحديد الهدف من الرقابة ومجالاتها وتحديد المعايير الملائمة لقياس نتائج الأعمال.

فنشاط التخطيط والتنظيم يتطلب قرار بتوزيع الموارد كما يتطلب نشاط الإشراف والرقابة قرارا بتصحيح الإجراءات وحل المشكلات، وهكذا يجري اتخاذ القرارات في دورة مستمرة استمرارا لعملية الإدارة نفسيها.

ويعتبر حل المشكلات وصنع القرارات هما أهم الأنشطة التي يقوم بها المديرون لتنفيذ ما يجب عمله.

وفي ضوء ما سبق يمكن أن نؤكد بأن عملية صنع القرارات تعد جوهر العملية الإدارية، باعتبار أن الإدارة في الممارسة والتطبيق العملي ما هي إلا تصرف واتخاذ قرارات وتفكير ابتكاري يستهدف تنمية القرار المناسب لمواجهة موقف معين. ومن الملاحظ أن اتخاذ القرارات كنشاط يغطي كافة مجالات العمل داخل الشركة ويتم على كافة المستويات، مما يدعو إلى القول في النهاية أن الإدارة هي سلسلة من القرارات المتزامنة والمتعاقبة، المتزامنة لأن القرارات يمكن أن تتخذ في أكثر من موقع إداري في ذات الوقت، وهي أيضا متعاقبة لأنه في كل موقع أو مستوى إداري يتم اتخاذ القرارات في صورة سلسلة متصلة.

وتجدر الإشارة إلى أن أهمية القرار في المنظمة تزداد ونطاق شموله يتسع كلما ارتفع مستوى السلطة الإدارية التي تتخذ القرار داخل الهيكل التنظيمي للمنظمة.

اتخاذ القرارات وصنع القرارات:

ومن الأهمية بمكان أن نفرق بين من يتخذ القرار، وبين من يُسهم في اتخاذ القرار، فمتخذ القرار يجب أن يملك السلطة الإدارية التي تعطيه الحق في اتخاذ القرارات في حدود معينة، بيد أن ذلك لا يعني أن ينفرد متخذ القرار في جميع الأحوال باتخاذ

القرار، بل إن هناك الكثيرين في المنظمة من الممكن أن يساعدوه على اتخاذ القرار المناسب.

عملية تقييم البدائل:

ولاختيار القرار المناسب من بين البدائل المطروحة، فإنه يمكن الاعتماد على العديد من المعايير في عملية تقييم البدائل نذكر منها:

- التكلفة.
- الزمن.
- العائد.
- الجودة.
- السلامة.
- القبول.
- البيئة

والإجابة عن الأسئلة التالية يمكن أن تساعد في اختيار البديل المناسب (اتخاذ القرار):

1- هل البديل الذي وقع عليه الاختيار سوف يؤدي إلى مواجهة المشكلة؟

2- هل هذا البديل مقبول بالنسبة لكل أطراف المشكلة؟

3- هل هذا البديل يمكن وضعه في شكل خطة عمل تفصيلية؟

4- هل الوقت يسمح باستخدام هذا البديل؟

5- هل تسمح الموارد البشرية والمالية والمادية بتطبيق هذا البديل؟

6- هل يضمن هذا البديل عدم ظهور المشكلة في المستقبل؟

وترى بعض الكتابات الأخرى أنه يمكن تقييم كل بديل حسب المعايير التالية:

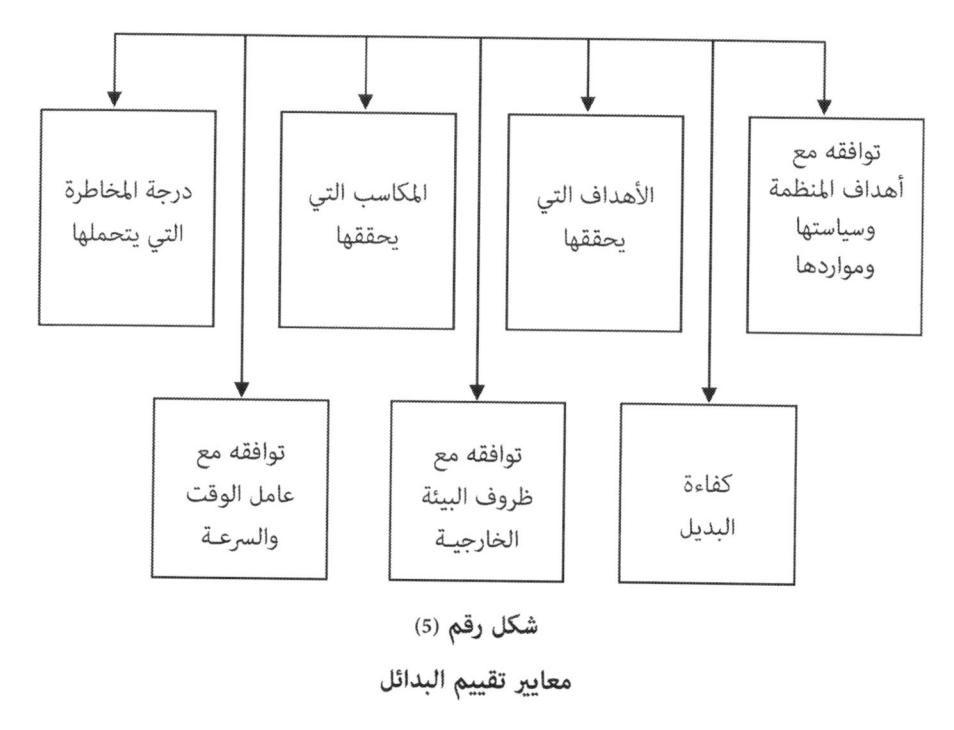

شكل رقم (5)

معايير تقييم البدائل

معايير جودة القرار:

تتوقف درجة جودة القرار على:

1- حجم البيانات المتاحة لمتخذ القرار ومدى دقتها.

2- القدرة على تحليل البيانات واستخلاص النتائج.

3- القدرة على التنبؤ.

4- مهارة وخبرة الشخص متخذ القرار.

5- مشاركة الجهات الأخرى المساعدة.

6- التوقيت.

خصائص/ صفات القرار الجيد:

بالإضافة إلى صفتي الجودة والقبول، يمكن إضافة الصفات التالية التي يجب مراعاة توافرها في القرار حتى يكون جيدا.

1- يجب أن يكون القرار واضحا ومفهوما.

2- أن يكون القرار دقيقا.

3- يجب أن يكون القرار مقنعا.

4- اعتماد القرار على الدراسة العلمية.

5- أن يكون القرار مبنيا على حقائق الماضي وتوقعات حكيمة للمستقبل.

6- أن يكون القرار موضوعي.

7- أن يكون القرار قابل للتطبيق.

تصنيف القرارات Classification of Decision:

تصنف القرارات الإدارية إلى ثلاثة أنواع، وذلك على النحو التالي:

1- قرارات إدارية Administrative:

يهدف هذا النوع من القرارات إلى تحديد الهيكل التنظيمي للمنظمة، بما جعله قادرا على القيام بأقصى درجة من الأداء. ويوجد نوعين من القرارات الإدارية أولهما: يتعلق بالهيكل التنظيمي، وعلى سبيل المثال تحديد السلطة والمسئولية وقنوات الاتصال التي تناسب من خلال البيانات، وثانيهما: يتعلق بتوفير الموارد اللازمة للعمليات الحاضرة والمستقبلية سواء كانت بشرية أو مالية أو بيانات.

2- قرارات تشغيلية Operative:

يهدف هذا النوع من القرارات إلى تحويل الأهداف الموضوعة إلى تصرفات،

وتتميز القرارات التشغيلية بأنها قصيرة المدى، حيث تتخذ لتحديد أسلوب العمل اليومي.

وترتكز أعمال المنظمة على مجموعة كبيرة من هذه القرارات، حيث تدخل في نطاق اهتمامات المنظمة، بالإضافة إلى اتخاذها على جميع المستويات الإدارية.

وقد تكون مثل هذه القرارات روتينية، أو وفق موقف فريد يتطلب الحكم الشخصي لمتخذ القرار.

3- **قرارات إستراتيجية** Strategic:

يتعلق هذا النوع من القرارات بوضع المنظمة في البيئة المحيطة بها، كما يحدد مجموعة الاحتمالات المستقبلية بالنسبة للمنظمة، وترتبط الأهداف الإستراتيجية بأهداف المنظمة التي يجب تحقيقها، ولذلك فهي قرارات طويلة المدى.

ويجب التعرف على ردود الأفعال المتوقعة من جانب المنظمات الأخرى، ونظرا لأن هذا النوع من القرارات يتعلق بمستقبل المنظمة، وله آثار طويلة المدى، فإن اتخاذ مثل هذه القرارات يدخل في اختصاص الإدارية العليا.

ويمثل القرار الاستراتيجي - كما يشير عبدالحميد عبدالفتاح المغربي - الاختيار المفضل لدى متخذ القرار من بين البدائل الإستراتيجية المطروحة، وذلك لمواجهة موقف استراتيجي يخص أحد جوانب التنظيم الذي يعمل به، ومن ثم فهي قرارات رئيسة Key Decisions تتعلق بأداء رسالة المنظمة وغاياتها وأهدافها تجاه الفرص والمخاطر البيئية، وهي قرارات طويلة وذات تأثير مهم على المنظمة، وتتخذ هذه القرارات في أعلى مستويات التنظيم.

والقرارات الإستراتيجية تأخذ بعين الاعتبار الجوانب الآتية المتعلقة بالمنظمة:

- مجال الأنشطة والأعمال التي تقوم بها المنظمة.

- ملاءمة الأنشطة مع بيئة العمل.

- ملاءمة الأنشطة مع القدرات والموارد.

- الاتجاه الذي نرغب المنظمة في أن تتطور نحوه وتسير فيه.

- موقع المنظمة بالنسبة للمجموعات والمنظمات الأخرى التي تتعامل معها، وكذلك علاقاتها مع المجتمع والحكومة المحلية والجهات والمؤسسات الأخرى.

- الانعكاسات الرئيسية للموارد.

Strategic Decisions

- Scope of an organization's activities.

- Matching activities with operating environment.

- Matching activities to resource capability.

- The direction in which the organisation wishes to develop.

- The position of the organisation in respect of other groups and organisations with which it deals. Its relationship with the community, local government, other agencies.

- Major resource implications.

تمرين:

ما هو الفرق بين ...

المدير التنفيذي	المدير الإستراتيجي
تخطيط النشاط اليومي للأفراد.	
يستخدم تحليل نشاط القوة والضعف SWOT لتحديد نقاط الضعف وكيفية التغلب عليها.	
مسئول عن توجيه الأفراد لحل المشكلات اليومية الروتينية.	
يضع بدائل عند تقييم الوضع الحالي.	
بيروقراطي	
منفذ لخطط المنظمة	

الفصل الخامس
التخطيط الإستراتيجي

أشتمل هذا الفصل على:

📖   مقدمـة.

📖   مفهوم التخطيط الإستراتيجي.

📖   مراحل التخطيط الإستراتيجي.

📖   الخطة الإستراتيجية.

الفصل الخامس

التخطيط الإستراتيجي

مقدمـة:

يختلف التخطيط الإستراتيجي اختلافا كبيرا عن التخطيط العادي، فالتخطيط العادي يبدأ بالحاضر ويحلل التغيرات المتوقعة إذا ما استمرت الاتجاهات الحالية، ولكن التخطيط الإستراتيجي لا تحده الاتجاهات الحالية. وهو يبدأ بقفزة إلى المستقبل، وقد لا تكون ذات علاقة قريبة بالاتجاهات الحالية للمؤسسة بل تعكس التغيرات المتوقعة في البيئة.

هذا ولقد اعتمدت الكثير من المؤسسات لسنوات طويلة على «التخطيط المتزايد / التراكمي Incremental Planning» ويضمن هنا دراسة وتحليل ما تقوم به حاليا وببساطة تصنيف إليه عامل النمو (نسبة النمو) خلال فترة التخطيط سنة أو (عقد من السنين)، لكن التغيرات السريعة في التكنولوجيا والمنافسة العالمية تجعل هذه الطريقة قديمة وغير صالحة لمواجهة الظروف العالمية والمؤسسة الجديدة، وظهر التوجه الأكبر نحو التخطيط الإستراتيجي الذي نظر إلى المستقبل دون قيود أو افتراضات من الحاضر.

مفهوم التخطيط الإستراتيجي:

من التعريفات المتميزة لمصطلح التخطيط الاستراتيجي نذكر الآتي:

1- تعريف أحمد سيد مصطفى: التخطيط الاستراتيجي هو خطة عمل شاملة طويلة المدى تحدد أسلوبا ومسارا لبلوغ أهداف طويلة الأجل باستخدام موارد متاحة. وتشكل هذه الخطة الإستراتيجية منهاجا تسترشد به الإدارة في صنع القرارات الرئيسية بشأن جمهورها أو عملائها وما تقدمه إليهم أو تتفاعل به معهم.

2- تعريف أسامه محمد علما: التخطيط الاستراتيجي هو العملية التي يمكن بواسطتها لأعضاء الإدارة الموجهين لمنظمة الأعمال وضع تصور لتوجهها المستقبلي. ومن ثم أسلوب العمل والتشغيل لتحقيق هذا التصور المستقبلي ووضعه موضع التنفيذ.

حقيقة: التخطيط الإستراتيجي أول جزء من الإدارة الإستراتيجية.

حكمة: إن القيادة غالبا ما تتضح تماما عندما ينجح التخطيط الإستراتيجي وتطلب أكثر عندما يوجد شك أو تحد.

منظور: إن الإبداع في التخطيط الإستراتيجي غير ممكن وغير مستقر بدون إحاطة شاملة بالحقائق.

خبرة: التخطيط الإستراتيجي لا يؤكد النجاح بيد أن غيابه يؤكد الفشل.

يمدنا التخطيط الإستراتيجي بنظرة رحبة وبعيدة بموقع منظمة ما وإمكاناتها في داخل بيئة متبلورة، وحالما يتم فهم هذا الإطار العريض بعيد المدى فسيصبح بمقدور المنظمة أن تحدد بفاعلية أكثر أي الأفعال الأساسية التي ينبغي أن تبادر بها لتنافس بكفاءة غيرها من المنظمات داخل قطاع الأعمال الخاص بها.

فالأنشطة في حاجة إلى أن تكون مركزة وموجهة إلى تحقيق الهدف النهائي المتمثل في الوفاء باحتياجات العملاء وتحقيق ميزة تنافسية مستمرة، إذ أنه بدون هذا التخطيط الإستراتيجي قد يكون للأفعال مدى بعيد وواسع مما ينتج عنه ضياع للوقت والجهد، ومن ثم تؤدي الخطة الإستراتيجية إلى توفير المناخ الذي تتم فيه مجهودات جيدة والي تركيز موهبة المنظمة وأفعالها على أولويات جوهرية.

- التخطيط الإستراتيجي إنما هو صياغة رؤية ورسالة المنظمة وأهدافها طويلة المدى، بيد أن اختبار الإستراتيجيات لتحقيق هذه الأهداف والأغراض قد يتحقق في ضوء بيئة خارجية غير واضحة تلك التي تعمل المنظمة في إطارها - تايلور.

- التخطيط الإستراتيجي غالبا ما يكون مهتما بتأسيس الاتجاهات الكبرى للمنظمة، من حيث أهدافها، والعملاء الرئيسيون الذين نخطط خدمتهم، ومنطقتها الجغرافية، والمداخل الرئيسية لتوصيل هذه السلعة أو الخدمة.

التخطيط الإستراتيجي يتعلق بتحديد اتجاه المنظمة في المستقبل الذي ينطوي بدوره على تحديد كل من رؤية ورسالة المنظمة وأهدافها، بناء على تحليل للوضع الحالي والمستقبلي لكل من البيئة المحيطة والقدرات الذاتية، بعدها يتم ترجمة تلك الأهداف إلى برامج وخطط على المستويات الإستراتيجية: برامج وخطط طويلة الأجل على مستوى المنظمة ككل، وعلى المستويات الوظيفية: برامج وخطط متوسطة الأجل على مستوى كل وظيفة من وظائف الإنتاج والتسويق والأفراد والأموال، وعلى المستويات التشغيلية: برامج وخطط قصيرة الأجل على مستوى التشغيل اليومي.

والتخطيط الإستراتيجي هو عملية مستمرة لتصميم وتطوير خطط أو إستراتيجيات عامة تغطي دورة حياة المنظمة في ثلاث مراحل رئيسية هو النمو الاستقرار والانكماش،

كما تغطي أيضا وظائف المنظمة وهي إدارة التسويق، والإدارة المالية، وإدارة الموارد البشرية، إدارة الإنتاج والعمليات، وإدارة البحوث والتطوير.

ويقوم التخطيط الإستراتيجي على: نظام للمعلومات، وصنع للقرارات، وتحديد للإستراتيجية الملائمة على ضوء تقييم مستمر للمتغيرات البيئية المحلية والإقليمية والعالمية. وكذا للمتغيرات في البيئة الداخلية للمنظمة. والهدف - ببساطة - هو استكشاف الفرص والتحديات ونقاط القوة والضعف وخلق الفرص السوقية وتوظيف نقاط قوة المنظمة، وأولها الموارد البشرية في اكتشاف أو خلق واقتناص هذه الفرص والبناء عليها، وذلك بتقديم أو تطوير منتج أو أكثر بما يقابل الحاجات والتوقعات المتغيرة للعملاء في عالم سريع التغير.

في ضوء ما سبق يمكن أن نقول أن التخطيط الإستراتيجي هو إحدى مراحل الإدارة الإستراتيجية التي تهتم بترجمة الأهداف طويلة المدى إلى برامج وخطط لمدة تبدأ من خمس سنوات فأكثر.

التمييز بين التخطيط الاستراتيجي والتخطيط طويل المدى:

يميز أسامة محمد علما بين التخطيط الاستراتيجي والتخطيط طويل المدى كالتالي:

أولا: بينما يركز كلا النوعين من التخطيط على منظمة الأعمال، وماذا يجب أن تقوم به من تطوير لأدائها.

- فإن التخطيط الاستراتيجي يعتمد أكثر على تحديد ومواجهة القضايا ذات الأهمية البالغة للمنظمة (القضايا الإستراتيجية).

- أما التخطيط طويل المدى فيركز أكثر على تحديد الأهداف وترجمتها إلى موازنات وبرامج عمل.

ومن ثم فإن التخطيط الاستراتيجي يصلح أكثر للمنظمات التي تتأثر بدرجة كبيرة بالظروف الاجتماعية والسياسية.

ثانيا: يركز التخطيط الاستراتيجي على تحليل وتقييم القوى البيئية (داخلية وخارجية) أكثر من التخطيط طويل المدى حيث أن الأخير يفترض أن الاتجاهات الحالية سوف تستمر في المستقبل.

أما التخطيط الاستراتيجي فإنه يتوقع اتجاهات جديدة، ولا يفترض أن هناك – وبالضرورة- تواصل بين الأزمنة في إطار البيئة التي تعمل فيها المنظمة، بل إنه يتوقع أيضا حدوث مفاجآت.

ثالثا: يميل التخطيط الاستراتيجي إلى وضع تصور ورؤى النجاح للمستقبل Vision of success وكيفية تحقيقها وذلك بقدر اكبر من التخطيط طويل المدى، ومن ثم فإن توجيه الخطة الإستراتيجية ينحو نحو الرؤى المستقبلية للمنظمة ويمثل بهذا تحول نوعي في الاتجاه.

أما الخطة طويلة المدى فإنها – عادة- تمثل امتداد أحادي للحاضر وإسقاط للاتجاهات الحالية على المستقبل.

رابعا: التخطيط الاستراتيجي يركز على مدى متكامل للتوجه المستقبلي لمنظمة الأعمال بقدر أكبر من التخطيط طويل المدى.

ومن ثم فإن المخططين الاستراتيجيين يميلون أكثر إلى بحث مدى واسع من القرارات والتصرفات التي تبقى على اختيار المنظمة مفتوحا بقدر الإمكان وذلك لإمكان مواجهة الاحتمالات غير المنظورة بفعالية وبسرعة.

أما المخططون في ظل التخطيط طويل المدى فإنهم يميلون إلى افتراض المستقبل الأكثر احتمالا للمنظمة ثم يرجعون بتفكيرهم لرسم خريطة لتسلسل القرارات

والتصرفات اللازمة للوصول إلى هذا المستقبل. وبالتالي فإنه يميلون إلى غلق تفكيرهم في إطار عدد ومدى محدود من القرارات والتصرفات التي قد لا تكون مرغوبة إذا لم يتحقق افتراض المستقبل الذي وضع بواسطتهم.

ولا يعني ذلك أن كلا النوعين من التخطيط الاستراتيجي وطويل المدى متعارضين.

مراحل عملية التخطيط الإستراتيجي:

يمكن تحديد مراحل عملية التخطيط الإستراتيجي في الآتي:

الرأي الأول:

1- تحليل الأوضاع الحالية.

2- تحديد الاحتياجات المستقبلية.

3- تكوين الرؤية المشتركة للمستقبل.

4- مقارنة المستقبل بالحاضر.

5- خطة التنفيذ والمتابعة.

الرأي الثاني:

1- حدد الاتجاهات والتطورات والقضايا التي قد يكون لها تأثير هام له دلالته.

2- حلل العملاء والمستهلكين أو المستفيدين.

3- حدد مواطن القوة أو الضعف لدى المنظمات المنافسة.

4- حلل اتجاهات المنظمة وقوتها أو ضعفها والفرص والتهديدات التي تواجهها.

5- ضع الرؤية المستقبلية والرسالة للمنظمة.

6- ضع الأهداف طويلة المدى التي تمكنك من الوصول إلى هذه الرؤية وتحقيق هذه الرسالة.

7- اختر الإستراتيجية أو الإستراتيجيات المناسبة وحدد الآليات المناسبة لتحقيقها.

8- صف خطط المشروع وطور خطط الإدارة.

9- طبق وظائف التحكم ومؤشرات الأداء والتغذية العكسية.

الرأي الثالث:

1- المقدمة.

2- تحليل موقفي بشكل «الجسور والحواجز».

3- الرؤية والرسالة.

4- مجالات النتائج الرئيسية (KRAs) والأهداف المرتبطة بها.

5- الأهداف الإستراتيجية.

6- الإستراتيجيات.

7- العوامل الرئيسية المشيرة إلى الحاجة إلى التنمية أو التغيير أو الإصلاح التنظيمي.

8- تخطيط العمل ليشمل المخرجات وأهداف أداء الخدمة ذات الصلة بالخطة الثلاثية أو الخمسية متوسطة المدى، والتي تعمل بمثابة حلقة وصل بإعداد الخطط والموازنات التشغيلية السنوية

الرأي الرابع:

يوضح مراحل عملية التخطيط الاستراتيجي في الشكل التالي:

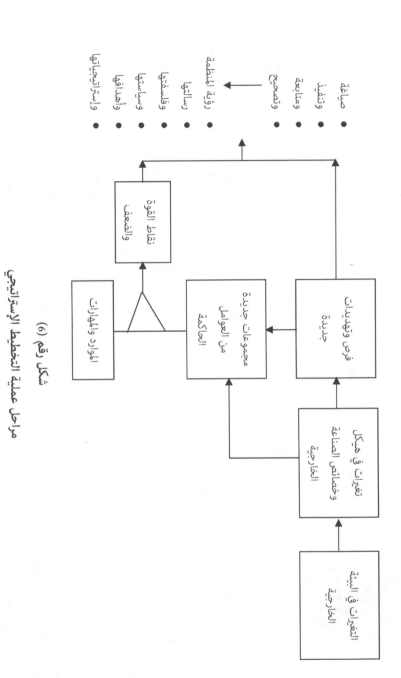

شكل رقم (6)

مراحل عملية التخطيط الإستراتيجي

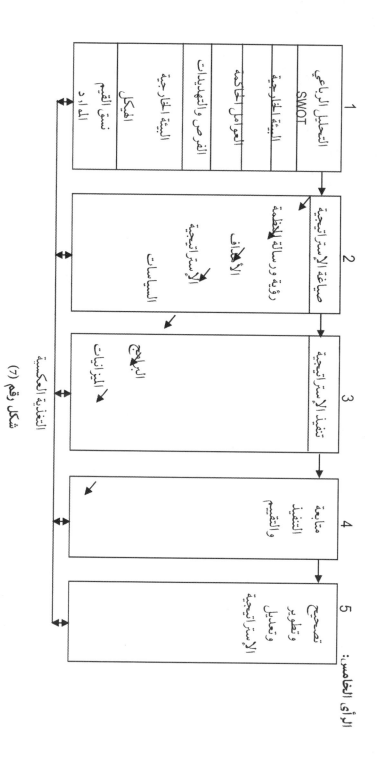

الرأى الخامس:

شكل رقم (7)

مراحل عملية التخطيط الإستراتيجي

الخطة الإستراتيجية:

ينتج من عملية التخطيط وضع الخطط والمشروعات والبرامج والميزانيات الخاصة بهم.

تعريف الخطة Plan:

1- الخطة هي فعل محدد من قبل يساعد في تحقيق أهداف معينة في نطاق زمني محدد.

2- الخطة هي قرار يوضح ما ينبغي فعله.. من سيفعله.. ولماذا يفعل ما يفعل.. وبأي تكلفة.. والزمن الملائم لذلك.

3- الخطة وثيقة رسمية منشورة.. متى أعلن القرار بها.

4- الخطة مجموعة من المشروعات والبرامج (أي الترتيبات أو التنظيمات) التي تحقق هدفا بإمكانات محددة في زمن محدد أي ما يزيد الوصول إليه.

وتتضمن كل خطة مجموعة من المشروعات والبرامج. وكل مشروع Project يتضمن مجموعة من البرامج. وكل برنامج Program يتضمن مجموعة من الأنشطة Activities التي تعتمد على بعضها البعض وموجهة لتحقيق غرض أو مجموعة أغراض معينة.

مواصفات الخطة الجيدة:

1- المرونة.

2- الوضوح والبساطة.

3- الثبات النسبي.

4- التحديد الواضح للأهداف.

5- التحديد الواضح للإجراءات والتسلسل المنطقي لها.

6- تشتمل الخطة الجيدة والمعدة إعدادا دقيقا على العناصر الرئيسية، التي تتكون منها هذه الخطة.

7- الخطة الجيدة هي التي تقدم إجابات واضحة على مجموعات التساؤلات التي تثيرها عملية التخطيط ومن أهماه أين نحن الآن؟ وإلى أين نريد نصل؟ وكيف نصل إلى ما نريد؟ بالإضافة إلى بعض التساؤلات الأخرى.

والخطة الإستراتيجية Strategic plan للمنظمة هي الكشف الذي يحتوي على الأهداف الإستراتيجية للمنظمة والتي من المتوقع تحقيقها خلال 5 سنوات أو أكثر، وتشمل هذه الخطة على الاتجاهات والمحاور المستقبلية بخصوص آمال ورغبات وتطلعات المنظمة في تحقيق الأهداف، مما يجعلها تستند على التنبؤات البعيدة المدى ومشاركة الإدارات المختلفة داخل المنظمة، مثل التسويق والمالية والإنتاج والهندسة.

ومن العناصر الرئيسية للخطة الإستراتيجية نذكر:

1- رؤية المنظمة.

2- رسالة المنظمة.

3- الأهداف الإستراتيجية للمنظمة.

4- إستراتيجية المنظمة.

نقطة هامة في هذا الشأن هو ضرورة أن يكون هناك توافق وانسجام وتكامل بين هذه العناصر الأربعة.

والفصول التالية سوف تشرح كل هذه العناصر بالتفصيل.

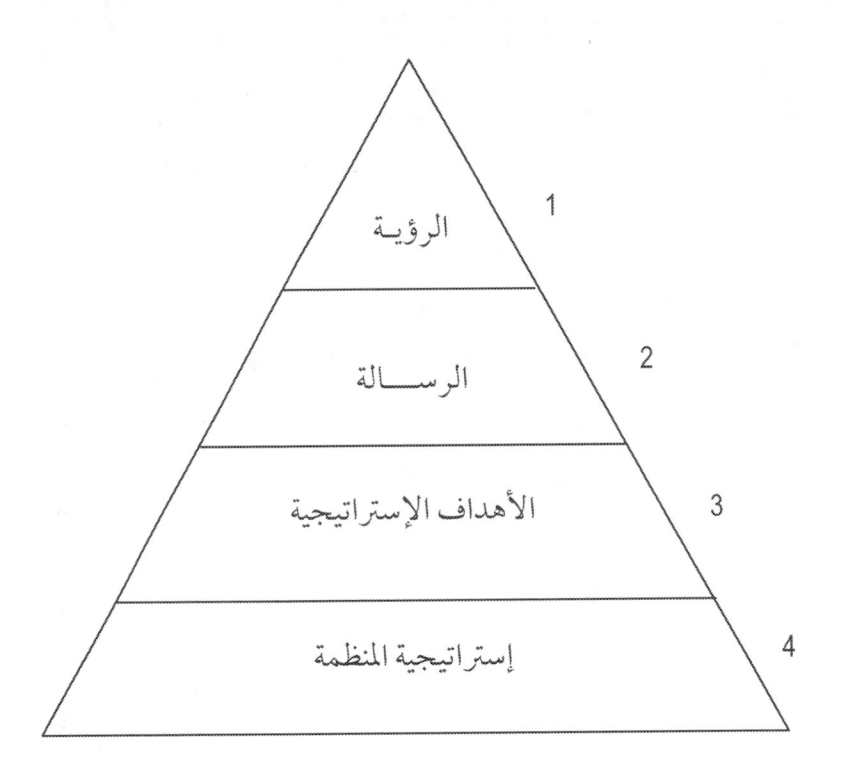

شكل رقم (8)

العناصر الرئيسية للخطة الإستراتيجية

الفصل السادس
رؤية ورسالة المنظمة

أشتمل هذا الفصل على:

- 📖 مقدمة.
- 📖 مفهوم الرؤية.
- 📖 أهمية الرؤية.
- 📖 العناصر الخمسة للرؤية القوية.
- 📖 أمثلة على رؤية بعض المنظمات.
- 📖 رسالة المنظمة.
- 📖 أهمية المنظمة.
- 📖 المعلومات التي تظهر في جملة الرسالة.
- 📖 معايير لتقييم بيانات رسالة المنظمة.
- 📖 أمثلة على رسالة بعض المنظمات.

الفصل السادس

رؤية ورسالة المنظمة

«إن امتلاك رؤية يعني أنك تعرف ما تريد أن تبدعه وأنك تلمس الفرص لجعل هذه الرؤية حقيقة ، وأن تستفيد من هذه الفرص».

(ديك اكسلرود)

مقدمة :

إن كلمة رؤية Vision مرتبطة بحاسة النظر. ولذا فليس من المستغرب أن الفنون المرئية يرجع لها الفضل في كثير من الأحيان في إثارة حاسة الرؤية في خبرة الإنسان. والوسيط المرئي يقوم بتحويل الإبداع الشخصي لفنان إلى شكل عام يستطيع الآخرين أن يشاركوا فيه. وبنفس الطريقة فالرؤية تعد كناية مرئية تنقل نوايا المنظمة وتركز المجهودات الجماعية أو توجهها إلى خط واحد في بحثها عن هذه النوايا ، وقد تجذب آخرين لمشاركة المنظمة في أمانيها للمستقبل.

وتقوم الرؤية بخلق تركيز لخط واحد وتوجيهه داخل المنظمة في مجهوداتها لخلق شيء ما ذي أهمية.

وهناك من يرى الرؤية بأنها جوهر المنظمة أو قلبها.

97

أحد المبادئ الفلسفية الهامة تعلن أن أعظم القوى للتقدم البشري هي «الأمل العظيم الذي يشترك فيه جميع الناس» وهو ما نعبر عنه حاليا بالرؤية.

إمداد الناس بشيء يؤمنون به كما أعلن يوما مارتن لوثركنج صيحته المشهورة أمام ملايين من البشر : أنا لدى حلم.

فقد كانت رؤيته : إحلال السلام وعدم العنصرية واحترام التنوع وإعطاء قوة دافعة لحركة حقوق الإنسان.

والرؤية تحدد المستقبل ، وهي تأتي من ثلاثة مصادر هي :

- الخبرة   Experience
- المعرفة   Knowledge
- الخيال   Imagination

مفهوم الرؤية :

الرؤية هي :

1- حلم تريد المنظمة تحقيقه.

2- تطلعات وطموحات المنظمة.

3- جسر ما بين الحاضر والمستقبل تصف المستقبل المنشود وليس المستقبل الذي يمكن توقعه.

4- شيء يمكن الاقتناع بأنه قابل للتحقيق.

5- إحساس بغرض نبيل ووتر انفعالي يحفز الناس للعمل والالتزام.

6- تصور للصورة الذهنية المستقبلية للمنظمة والقيم التي تحكمها واتجاهها في المستقبل.

7- صورة ذهنية واضحة لمستقبل مرغوب فيه

8- هي فقرة تصف المستقبل المنشود وليس المستقبل الذي يمكن توقعه.

9- النموذج الذهني لحالة مستقبلية لعملية أو لمجموعة أو لمنظمة ما.

10- Vision statement: a sentence or two describing a company's long-range aims, such as achieving dominant market share or attaining a reputation for world-class quality.

11- The vision is a desired future state - aspiration of the organisation.

صفات الرؤية الناجحة :

الرؤية الناجحة هي التي يتوفر بها مجموعة من الصفات مثل :

1- بسيطة.

2- مباشرة.

3- مفهومة.

4- يمكن أن تلتصق بعقول الناس بسهولة.

5- أن تكون ذات معنى للآخرين.

6- القدرة على إقناع الآخرين بقيمة وأهمية تحقيقها.

7- أن تكون مختلفة ، بمعنى أنها تعيد صياغة المشهد المعروف ووضعه في إطار جديد.

8- تكونت بالإحساس والشعور.

9- تكونت بالتفكير الابتكاري والإبداعي.

10- شارك غالبية العاملين في وضعها.

11- طموحة وقابلة للتحقيق.

12- واقعية وممكن تحقيقها.

13- تخلق طاقة وتعاطف والتزام وليس قلق وارتباك.

14- قوية شجاعة تركز على تحقيق نتائج مرتفعة جيدا وليس مجرد نتائج حدية.

15- تبرز النتائج الهامة ولا تظهر خطوات أو وسائل تحقيقها.

16- إيجابية : ينشأ عنها الإبداع أكثر من إيجاد حل للمشكلة.

17- مثالية في طبيعتها وتحتوى على معايير أخلاقية.

أهمية الرؤية :

1- الرؤية هي التي تقود الناس للعمل - والعمل هو الذي يؤدي إلى تقدم المنظمة.

2- يحتاج الناس إلى تحديات ذات معنى يلتزمون بها ويبذلون أقصى طاقاتهم لتحقيقها.

3- دفع الناس للاستثمار العاطفي من أجل الحصول على منافع مالية ليس من الأمور السهلة.

4- يشعر الناس بالحماس ويلتزمون طواعية وبالكامل للأشياء التي يدركون قيمتها.

5- بدون المشاركة في الرؤية لن يبذل الناس الجهد اللازم لنجاح وتطوير المنظمة.

6- الرؤية المشتركة تدفع الناس عن طيب خاطر للتضحية بالجهد والوقت والطاقة من أجل المنظمة ، وتصبح مرشدا وهاديا لهم.

والشكل التالي يوضح أهمية الرؤية كأحد المقومات الرئيسية لعملية التغيير، وكيف أن عدم وجود الرؤية يؤدي إلى غموض ولبس في عملية التغيير :

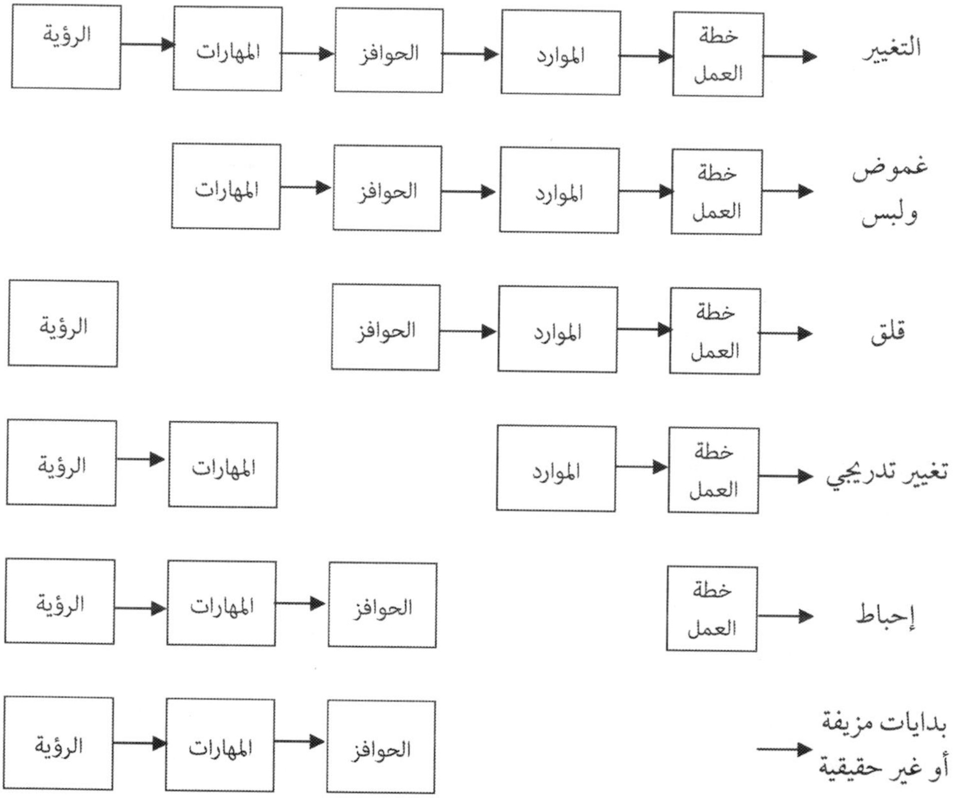

الرؤية	← المهارات	← الحوافز	← الموارد	← خطة العمل	← **التغيير**
	المهارات	← الحوافز	← الموارد	← خطة العمل	← **غموض ولبس**
الرؤية		الحوافز	← الموارد	← خطة العمل	← **قلق**
الرؤية	← المهارات		الموارد	← خطة العمل	← **تغيير تدريجي**
الرؤية	← المهارات	← الحوافز		خطة العمل	← **إحباط**
الرؤية	← المهارات	← الحوافز			← **بدايات مزيفة أو غير حقيقية**

شكل رقم (9)

مقومات حدوث التغيير

العناصر الخمسة للرؤية القوية :

1- عرف الحالة المستقبلية التي تريد أن تحققها:

كيف ستبدو؟ كيف سيكون سلوك الأشخاص في هذه المنظمة مستقبلا؟ ما النتائج التي سوف تحققها المنظمة؟ إن الذين يخلقون الرؤية يجب أن يفهموا هذه الحالة المستقبلية والمعنى من ورائها.

2- حاول أن يتوافق سلوكك مع الرؤية:

إن هذا التوافق من أقوى ما يستطيع المديرون القيام به لاستقطاب الدعم لرؤية المنظمة. فعندما يرى العاملون أن المديرين يتصرفون بشكل يدعم تحقيق الرؤية فإن هذا يدفعهم إلى عمل ذات الشيء أيضا.

3- يسر تحقيق الرؤية من خلال سياسات وإجراءات ، هيكل تنظيمي:

وإن لم تقم عناصر النظام هذه بدعم الرؤية فإن العاملين سوف يحبطون باستمرار عند محاولاتهم للعمل بطريقة متوافقة مع تحقيق الرؤية.

4- أشرك العاملين على جميع المستويات في تطوير الرؤية:

إن إحدى الطرق لتحقيق هذا هو عقد مؤتمرات للبحث المستقبلي.

إن هذا الإشراك يبني كلا من الالتزام والتفهم.

5- وحدة الرؤية:

ويقصد بذلك وجود رؤية مشتركة بين العاملين والإدارة في كافة المستويات الإدارية والتشغيلية تعبر عن وحدة الإدراك والاتجاهات وعن توجه واحد للتنظيم بكامله تتكامل داخله الجهود ولا تتعارض أو تتصادم مع بعضها البعض مما يجعل العاملين أنفسهم يعملون على تبني الأهداف التي تسعى إليها المنظمة.

6- احتفظ باتجاه تجريبي.

فمن النادر أن يتم تحقيق الرؤى مباشرة. فهي عملية تجربة وتعديل. ومعرفة لما ينجح وما يفشل ، ثم أجر التعديلات اللازمة لتحقيق المستقبل الذي تبغي تحقيقه.

أمثلة على رؤية بعض المنظمات :

رؤية جامعة حلوان (مصر) :

بحلول عام 2020 تصبح جامعة حلوان ضمن أفضل خمس جامعات على مستوى الإقليم.

رؤية شبكة الإعلاميين العرب لمناهضة العنف ضد الأطفال :

عالم عربي خال من العنف.

رؤية القيادة العامة لشرطة أبو ظبي :

أن تصبح القوة الشرطية الأكثر فاعلية ميدانيا في أحد أكثر البلدان أمانا في العالم.

To be the most operationally effective Police Force in one of the safest countries in the world.

رؤية القيادة العامة لشرطة دبي :

لنجعل بلادنا الأكثر أمنا وسلامة، وحفظا للنظام في العالم.

رؤية شركة اتصالات بالإمارات :

عالم يتواصل فيه الناس مهما اختلفت الحواجز أو بعدت المسافات.

رؤية مؤسسة جبريل للتدريب والاستشارات بمصر:

أن تصبح رائدة المؤسسات التي تدار بالجودة على المستوى المحلي والإقليمي في مجالات التنمية المهنية المستدامة وخدمات الاستشارات والمنتجات والخدمات.

رؤية جامعة ظفار بسلطنة عُمان :

تطمح جامعة ظفار لأن تحتل مكانا مرموقا بين مؤسسات التعليم العالي النوعي يفتخر بها خريجوها ومنتسبوها.

جدول رقم (2)

أمثلة لمشاهير من القادة الموهوبين ورؤياهم الإستراتيجية (*)

الاسم	الشركة	الرؤية الإستراتيجية
- ستيفن جبز Steven Jobs	آبل للكمبيوتر	تبسيط الكمبيوتر وإتاحته لكل الناس.
- هرب كهلر Herb Kelleher	تشالز سكواب	تقديم خدمات مالية عالية الجودة للعملاء بتكلفة معقولة.
- ماري كي آش Mary Kay Ash	ماري كي كوزمتكس	تحسين مستوى ثقة النساء بأنفسهن عن طريق بناء استقلالهن المالي وتقديم أدوات تجميل ممتازة.
- روبير موردوح Rupert Murdoch	نيوزكوربوريشن	تقديم وسيلة جيدة لحصول الناس في العالم كله على الأخبار الدقيقة.
- والت ديزني Walt Disney	شركة والت ديزني	تقديم مواد تسلية عالية الجودة للأسر في كل العالم.

(*) المصدر: جيرالد جرنبرج وروبرت بارون (2004).

هذا ويتم ترجمة رؤية المنظمة إلى رسالة تتضمن مجموعة من الأمور والتفاصيل الهامة يمكن توضيحها في الصفحات القادمة. وتحقيق الرسالة بلا شك يساهم في تحقيق الرؤية.

رسالة المنظمة:

تعريف الرسالة:

الرسالة Mission Message هي فقرة تتكون من ثلاث أو أربع جمل تعطي توجيهات وإرشادات للمنظمة.

وتمثل رسالة المنظمة هدفها الأساسي ومجال نشاطها (ما ستقدمه من سلع أو خدمات).

والأسواق التي ستخدمها وفلسفة أداء هذا النشاط. وقد تتضمن الرسالة التزامات الإدارة تجاه عملائها (مستوى عال من الجودة والخدمة) وملاكها (مستوى للأرباح يتناسب مع التوقعات) والعاملين بها (مستوى طيب من الأجور والخدمات).

بمعنى أن رسالة المنظمة تعبر عن الهدف الذي من أجله وجدت المنظمة وتهتم أساسا بالإجابة عن الأسئلة التالية :

• لماذا وجدت المنظمة؟

• ما هي طبيعة عملها؟

• من هم عملاؤها؟

• ما هي القيم التي تحكم عمل المنظمة؟

• ما هي اتجاهات المنظمة نحو عملاؤها؟

• ما هي اتجاهات المنظمة نحو العاملين بها؟

أهمية الرسالة :

1- تساعد على تركيز جهود أعضاء المنشأة في اتجاه واحد محدد.

2- تساعد على عدم تضارب الأغراض داخل المنشأة.

3- تساعد في ترشيد تخصيص موارد المنشأة.

4- تحدد المسئوليات لكل وظيفة داخل المنشأة.

5- هي أساس الأهداف التي يتم وضعها للمنشأة.

المعلومات التي تظهر في جملة الرسالة :

1- نوع السلعة أو الخدمة التي تقدمها المنشأة.

2- السوق الذي ستعمل فيه المنشأة.

3- التكنولوجيا التي تستخدمها المنشأة.

4- أهداف المنشأة.

5- فلسفة المنشأة وهي القيم والمعتقدات التي تقود أعضاء المنشأة.

6- نظرة المنشأة لنفسها Self-Concept.

7- الصورة الذهنية للمنشأة لدى الجمهور.

معايير لتقييم بيانات رسالة المنظمة:

وضع ج. م. بنايفر وزملاؤه عشرة معايير لتقييم بيانات رسالة المنظمة ، هي كالتالي :

1- أن يكون بيان الرسالة واضحا ومفهوما لجميع العاملين شاملا الموظفين الأعلى والأدنى في المرتبة.

2- أن يكون ملخصا بالشكل الذي يكفي لكي تتذكره الغالبية العظمى.

3- أن يحدد بوضوح العمل الذي تباشره المنظمة. وهذا يشمل بيانا واضحا عن:

• «ما» احتياجات العميل التي تحاول المنظمة أن تلبيها وليس ما المنتج أو الخدمات التي تقدم؟

● «من» أهم عملاء المنظمة؟

● و «كيف» تخطط المنظمة لتأدية عملها ؛ أي ما أهم الوسائل التكنولوجية؟

4- يجب أن يكون التركيز الأساسي في البيان على وجود دفعة إستراتيجية واحدة.

5- يجب أن يعكس الكفاءة المميزة للمنظمة.

6- يجب أن يكون عاما بشكل يسمح للمرونة في التنفيذ ولكن ليس عاما إلى الحد الذي لا يسمح بالتركيز.

7- يجب أن توفر الرسالة نمطا ووسيلة لكي يستطيع المديرون بالمنظمة وغيرهم اتخاذ القرارات من خلاله.

8- يجب أن تعكس الرسالة القيم والمعتقدات وفلسفة العمليات بالمنظمة وأن يعكس ثقافتها.

9- يجب أن تعكس الرسالة أهدافا يمكن للمنظمة الوصول إليها.

10- أن تكون الصياغة اللغوية مصدرا للطاقة ومركزا تتجمع حوله المنظمة.

أمثلة على رسائل بعض المنظمات:

رسالة شبكة الإعلاميين العرب لمناهضة العنف ضد الأطفال :

كسر حاجز الصمت وتعزيز الجهود لمناهضة العنف ضد الأطفال بالعالم العربي، ودعم ثقافة نبذ العنف ضد الأطفال.

رسالة القيادة العامة لشرطة أبو ظبي بالإمارات :

العمل من أجل مجتمع آمن وتحقيق الاستقرار وخفض الجريمة والإسهام في تنفيذ العدالة بطريقة تضمن ثقة الجمهور في الشرطة.

Our purposes to bring about a safer society, to maintain stability, to reduce crime & contribute to the delivery of justice in away which secure & maintains public confidence.

رسالة القيادة العامة لشرطة دبي بالإمارات :

نلتزم بأن نكون قوة مانعة للجريمة ، رادعة للمجرمين والخارجين على القوانين والأنظمة ، نحمي الحقوق والحريات ، نقدم الخدمات المتميزة للعملاء، نحقق التفوق المؤسسي القائم على تطبيق معايير التميز العالمية، نطور أداءنا باستمرار، نوظف قدراتنا التوظيف الأمثل، في إطار علاقة تعاون مثمرة مع الجمهور والشركاء تحت قيادة فعالة ومحفزة للإبداع والابتكار.

رسالة شركة اتصالات بالإمارات :

تعزيز قدرة الناس على التواصل.

رسالة فنادق الديار بالإمارات :

- We are professional and experienced.
- We recognize our clients.
- Good value for money.
- We are flexible.
- We care.
- We love hotels.
- You can count on us.

رسالة شركة الراجحي المصرفية للاستثمار بالسعودية:

- قيم نبيلة سامية، وتقاليد عريقة راسخة.

- من نبع تراثنا الأصيل، كانت وما تزال المعين الذي لا ينضب لمسيرة هذا الوطن.

- استلهمنا منها أعمالنا واتخذناها منهاجا وعلى طريقها القويم تابعنا مسيرة النجاح.

- اليوم وفي المستقبل، سنبقى أوفياء لقيمنا الأصيلة متمسكين بها ملتزمين بنهجها لتبقى دائما الأساس المتين لنجاحنا المستمر.

رسالة أكاديمية تطوير الأداء بمصر:

- رسالتنا هي مواصلة الامتياز في الأداء حتى تشهد لنا الأوساط التعليمية العالمية بالريادة التي تشهد لنا بها الأوساط التعليمية المصرية.

- ولن نتهاون في تقديم أرقى مستوى ممكن من الخدمات التعليمية والتدريبية لكافة الأفراد والمؤسسات تحقيقا لمعدلات أداء فائقة الجودة وعالية القيمة.

- إن مناخ العمل لدينا من شأنه إطلاق طاقات فريق الأساتذة والإداريين لكي يتفوقوا على أنفسهم في كل ما يقومون به من أعمال.

- لذا فإن هذا الفريق من العاملين سيكون شريكا لأكاديمية تطوير الأداء والاستشارات في تحقيق النجاح المنتظر.

- هذا ويتم ترجمة رسالة المنظمة إلى أهداف طويلة المدى. وتحقيق هذه الأهداف يساهم في تحقيق رسالة المنظمة.

- وإذا كانت رسالة المنظمة توضح اتجاه المنظمة بصفة عامة، فإن الأهداف تحدد الاتجاه بدرجة أكثر دقة.

رسالة مؤسسة جبريل للتدريب والاستشارات بمصر:

تقديم الدعم لعملائها للوصول إلى النتائج، تحقيق الغايات، من خلال تقديم التدريب، وخدمات الاستشارات، بصورة مهنية من الجودة، وفي الوقت المناسب وطبقا لاحتياجات العميل وبأحسن مستوى.

رسالة جامعة ظفار بسلطنة عُمان:

تسعى جامعة ظفار لتحقيق التميز في التعليم النوعي والبحث العلمي، وذلك في بيئة تعليمية منفتحة باعثة على الإبداع وعلى تحصيل أحدث المعارف المهنية التي تمارس بروح من المسئولية وحماس لخدمة المجتمع.

رسالة دار النشر العالمية مكجيروهيل MC Graw Hill:

نحن نقدم خدماتنا على مستوى عالمي موسع بهدف إشباع الحاجات المعرفية مع تحقيق ربح مناسب بعد إنتاج وتوزيع المعلومات ذات القيمة التي تحقق المنافع والعوائد لعملائنا، والعاملين لدينا، والمؤلفين، والمستثمرين، والمجتمع بصفة عامة.

الفصل السابع
أهداف المنظمة

أشتمل هذا الفصل على:

📖   تعريف مصطلح الهدف.

📖   أهداف المنظمة.

📖   أهمية تحديد أهداف المنظمة.

📖   أنواع الأهداف.

📖   خصائص أو مقومات الهدف الجيد.

📖   SMARTER.

الفصل السابع

أهداف المنظمة

تعريف مصطلح الهدف :

هناك تعريفات عديدة لمصطلح الهدف، نذكر منها:

1- الهدف Aim هو بيان بالنتيجة المطلوب تحقيقها في تاريخ معين.

2- الهدف هو النهاية المطلوب الوصول إليها.

3- الهدف هو الغاية المراد تحقيقها.

4- الهدف هو المنارة التي توجه إليها المجهودات والموارد التي يقوم بها الأفراد.

5- الهدف أداة تحدد الاتجاه وتجعلنا نركز لتحقيقه.

أهداف المنظمة :

يمكن تحديد أبعاد أهداف المنظمة في الآتي:

1- أهداف المنظمة هي النتائج المرغوب فيها والمرتبطة كل منها بنطاق زمني معين.

2- أهداف المنظمة هي التي تحدد النجاح الذي تهدف المنظمة إلى تحقيقه.

3- توضع أهداف المنظمة في ضوء رؤية ورسالة المنظمة.

4- تحدد أهداف المنظمة في ضوء نوع وحجم المنظمة وطبيعة ومدى تنوع مجالات اهتمامها ومستويات النجاح الذي تنشده...

5- عملية تحديد الأهداف لا يتم مرة واحدة وينتهي أمره ، ولكنها عملية مستمرة.

6- على المنظمة وضع أهداف كبيرة ثم تقسيمها إلى أهداف صغيرة يمكن تحقيقها، ثم تنتقل إلى تحقيق أهداف أكبر وهكذا .. وبالتالي يتحقق النجاح.

أهمية تحديد الأهداف:

يمكن رصد أهمية تحديد الأهداف في الآتي:

1- بدون أهداف محددة من السهل جدا الخروج عن الطريق ، فلا تستطيع أن تسيطر على مجريات الأمور في المنظمة ، ويضيع الوقت هباء لأنه ليس هناك ما يستدعي العجلة ، ليس هناك خط نهائي ، ليس من الضروري تنفيذ شيء اليوم.

2- تحديد الأهداف يساعدنا على توضيحها لأنفسنا وللغير، ما هي النتائج التي نسعى لتحقيقها؟

3- ويُعد تحديد الأهداف عنصرا هاما في التحفيز. حيث أن التحديد الواضح لما يجب أن نحققه سوف يؤدي إلى أن نندفع نحو تحقيق الأهداف الحقيقية ويبعدنا عن الانشغال في الأنشطة التي لا حاجة لنا بها.

4- تحديد الأهداف يساعدنا على التفكير والدخول إلى أعماق المشكلات.

5- الأهداف هي أساس اتخاذ القرارات. الأهداف وسيلة لزيادة كفاءة وفعالية المنظمات.

6- تحديد الأهداف يساعدنا في الحصول على المعلومات عن مدى تقدمنا نحو تحقيق الأهداف.

7- إن تحديد الأهداف يعتبر بالتالي معيارا لقياس الإنجاز. فهل سوف نسعى إلى تحقيق نتائج مستوى العام الماضي؟ هل نريد أن نحافظ على الوضع القائم، أم أننا قد وضعنا نصب أعيننا مستوى أعلى للإنجاز؟

8- الأهداف وسيلة لتقييم الأداء، وهذا بدوره يُسهل لنا اتخاذ الإجراءات التصحيحية في الوقت المناسب.

أنواع الأهداف:

هناك أنواع عديدة من الأهداف نذكر منها :

التصنيف الأول : يقسم الأهداف حسب درجة التفاصيل بها :

أهداف رئيسية وأهداف فرعية:

حيث يتم تقسيم الهدف الرئيسي إلى مجموعة من الأهداف الفرعية، وبتحقيق الأخيرة يتم تحقيق الهدف الرئيسي.

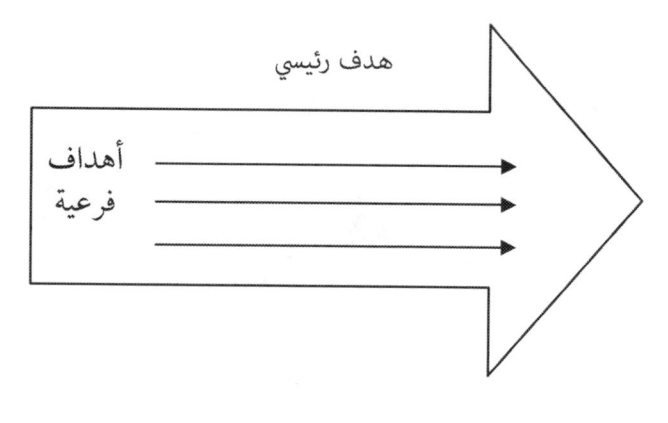

شكل رقم (10)

أنواع الأهداف

التصنيف الثاني : يقسم الأهداف حسب نوع المجال:

أهداف اجتماعية/ أهداف تعليمية/ أهداف اقتصادية/ أهداف سياسية/ ......

التصنيف الثالث : يقسم الأهداف حسب الوحدة الإنسانية :

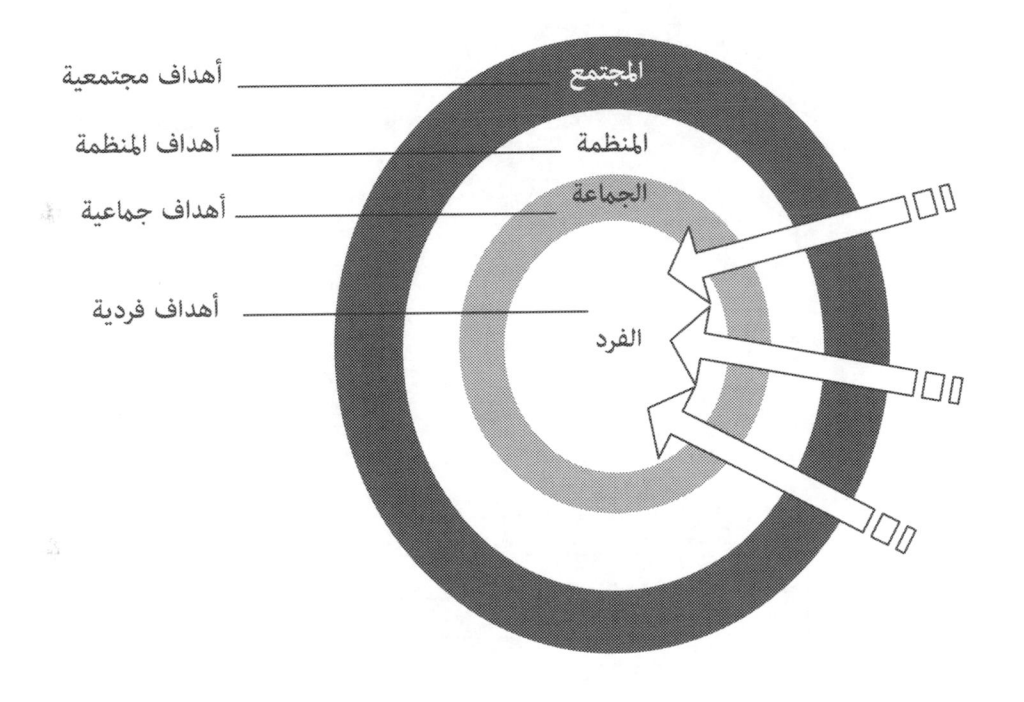

شكل رقم (11)

أنواع الأهداف حسب الوحدة الإنسانية

التصنيف الرابع : يصنف الأهداف من حيث المدة أو الأجل إلى :

1- أهداف طويلة المدى (الأهداف الإستراتيجية) ، وهي النتائج المرغوب تحقيقها في الأجل الطويل. وعادة توضع في المستويات الإدارية العليا. ويجب أن تتسم هذه الأهداف بالتحدي والوضوح وبقدر كبير من المرونة.

2- الأهداف متوسطة المدى (الأهداف التكتيكية)، وهي النتائج التي تسعى المنظمة إلى تحقيقها في الأجل المتوسط، والتي تسهم بدورها في تحقيق الأهداف الإستراتيجية.

3- أهداف قصيرة المدى (الأهداف التشغيلية)، وهي النتائج المرغوب تحقيقها في الأجل القصير. وتكون أكثر تحديدا من الأهداف طويلة المدى من حيث: من ينفذها؟ ماذا يتم تنفيذه؟ متى يتم تنفيذه؟ ما هو مجالها؟ وتعد هذه الأهداف نقاطا فرعية للأهداف متوسطة المدى.

التصنيف الخامس : يصنف الأهداف إلى :

1- أهداف مسجلة مكتوبة في وثيقة.

2- أهداف متعارف عليها وليست مسجلة أو مكتوبة في وثيقة.

التصنيف السادس: يصنف الأهداف إلى :

1- أهداف عامة: وهي: الأهداف التي تتحدد للمنظمة ككل .. وغالبا ما يتم صياغتها في عبارات وصفية مثال ذلك تطوير الإنتاج وزيادة المبيعات ، وتحسين مستوى أداء العاملين.

2- أهداف تشغيلية تفصيلية: وهي: تتحدد على مستوى الإدارات والأقسام، ويلاحظ أن صياغة هذه الأهداف يجب أن يتم في صورة كمية بحث تكون قابلة للقياس. كذلك فإن الهدف التشغيلي هو بيان بالنتيجة المطلوب تحقيقها في تاريخ معين.

التصنيف السابع : يصنف الأهداف من حيث جودتها إلى :

1- أهداف غير جيدة.

2- أهداف جيدة.

خصائص أو مقومات الهدف الجيد :

1- محدد بدقة.

2- مفهوم.

3- واقعي.

4- طموح.

5- يمكن قياسه.

6- يمكن تحقيقه.

7- تم وضعه بشكل جماعي.

8- تم وضعه بطريقة ديمقراطية.

9- القبول.

10- السلامة.

11- يراعي ثقافة المجتمع.

12- شرعي.

13- يتحدث عن النتائج وليس الأنشطة.

14- مرتبط بنطاق زمني محدد.

15- متفق مع رؤية ورسالة المنظمة.

16- مرن.

17- متسق مع الأهداف الأخرى.

الأهداف الذكية / الجيدة:

1- محددة.
2- قابلة للقياس.
3- قابلة للتحقيق.
4- مرتبطة / متصلة.
5- محددة بزمن معين.
6- تساعد الأداء.
7- تعمل على رفع وزيادة المعايير.

SMARTER Aims:

1- Specific.
2- Measurable.
3- Achievable.
4- Relevant.
5- Time limited.
6- Enhance performance.
7- Raise standards.

الفصل الثامن
إستراتيجية المنظمة

أشتمل هذا الفصل على:

- 📖 مقدمة.
- 📖 مفهوم مصطلح الإستراتيجية.
- 📖 عناصر الإستراتيجية.
- 📖 جعل الإستراتيجية عملية مستمرة.
- 📖 علاقة الإستراتيجية بالعمليات.
- 📖 أنواع الإستراتيجيات على مستوى المنظمة.
- 📖 معايير اختيار الإستراتيجية.

الفصل الثامن

إستراتيجية المنظمة

مقدمـة:

يجب أن يتعلم العاملون ويفهمون الإستراتيجية قبل أن يعملوا على تنفيذها، ويجب أن يقوم المديرون باستخدام طرق التوصيل في بداية تنفيذ الإستراتيجية الجديدة، بدءا من التدريب والتعليم ثم (1) إجراء الاختبارات للتأكد أن الموظفين يفهمون الإستراتيجية ثم (2) المساهمة في تحقيق هذه الأهداف.

توضح طرق القياس المتوازن للأداء الإجراءات المحققة للإيرادات والأهمية الكبرى للأصول المعنوية بشكل يساعد على الاستفادة من هذه الأصول وتقدم كذلك منهجا للإدارة والقياس في الإستراتيجيات التي تعتمد على توفر المعلومات.

يجب أن يفهم العاملون كيف سينفذون الإستراتيجية على خير وجه. فالأقسام المتجانسة التي سهل قياس نتائجها كأقسام المبيعات على سبيل المثال تركز على القليل من الإحصائيات الأولية، أما الأقسام التي تتم قدر أكبر من التعقيد، يجب أن تتقاسم في الإستراتيجية والنتائج التي تحاول تحقيقها وستتيح للأفراد وفرق العمل تعريف الأهداف الشخصية التي يمكن أن تؤثر على الأهداف العامة للشركة.

مفهوم مصطلح الإستراتيجية:

نقلت كلمة الإستراتيجية Strategy من الحضارة اليونانية عن الكلمة الأصلية لها إستراتيجوس Strategos.

ولقد نشأ اصطلاح الإستراتيجية في رحاب الأدب العسكري، فحتى القرن التاسع عشر ارتبط هذا المصطلح بشكل صريح بالخطط المستخدمة لإدارة قوى الحرب ووضع الخطط العامة في المعارك.

والقواميس العسكرية تعرف الإستراتيجية بأنها فن القيادة أو الإدارة لشئون الحرب، كذلك يعرف تورانجو Torango الإستراتيجية بأنها علم وفن تخطيط العمليات العسكرية على مجال واسع.

وحديثا تم اقتباس هذا المصطلح وظهر في مجال العلوم الإنسانية والاجتماعية. فعلى سبيل المثال، صار مصطلح الإستراتيجية يستخدم في الإدارة من منطلق أن أي منظمة عليها أن تضع إستراتيجية لنفسها، وأن تمارس الإدارة الإستراتيجية Strategic Management وتضع تخطيطا إستراتيجيا Strategic Planning لنفسها في المدى الطويل.

وتعرف الإستراتيجية في الإدارة بأنها هيكل عام ضابط أو محدد لطبيعة الإجراءات التي يجب اتخاذها لوضع الإستراتيجية موضع التطبيق، وهناك من يعرف الإستراتيجية بأنها مسار أو مسلك أساس تختاره المنظمة من بين عدد من المسارات البديلة المتوفرة لديها لتحقيق أهدافها.

بمعنى أن الإستراتيجية هي إطار يرشد الاختيارات التي تحدد طبيعة واتجاه منظمة ما وذلك على المدى الطويل.

وفي الوضع المثالي فإن هذه المنظمة تقوم بالمواءمة بين الموارد المتوفرة لديها وبين

بيئة عملها دائمة التغير، وبصفة خاصة أسواقها وزبائنها وعملائها، بهدف تلبية توقعات أصحاب المصالح.

أما أنسوف H. I. Ansoff الذي يعد أحد رواد الفكر الإداري وأشهر الكُتاب في مجال الإدارة الإستراتيجية فيعرف الإستراتيجية في مجال منظمات الأعمال على أنها: «تصور المنظمة عن العلاقة المتوقعة بينها وبين بيئتها بحيث يوضح هذا التصور نوع العمليات التي يجب القيام بها على المدى البعيد، والمدى الذي يجب أن تذهب إليه المنظمة والغايات التي يجب أن تحققها».

في حين يعرف شاندلر Chandler الإستراتيجية على أنها: «تحديد المنظمة لأغراضها وأهدافها الرئيسية وغاياتها على المدى البعيد وتبني أدوار عمل معينة، وتحديد وتخصيص الموارد المطلوبة لتحقيق هذه الأغراض والغايات. »

كذلك استخدم مصطلح الإستراتيجية في مجال التنمية الاقتصادية والاجتماعية، حيث تُعرف الإستراتيجية بأنها فن إدارة شئون التنمية الاقتصادية والاجتماعية، وذلك بهدف تحقيق التقدم والرفاهية للمجتمع.

وفي مجال العلوم السلوكية وخاصة علم النفس وعلم النفس الإداري وعلم اجتماع المنظمات، تم استخدام هذا المصطلح كوسيلة لتنظيم التفكير الإنساني وتوجيهه الوجهة السليمة والمناسبة والإيجابية، وأن الإنسان عليه أن يضع لنفسه إستراتيجية توجه عقله وتحفز وظائفه وترشد قراراته.

A strategy concerns the direction and scope of an organisation over the long term. Ideally it matches its resources to its changing environment and, in particular, its markets, customers and clients so as to meet its stakeholders expectations.

عناصر الإستراتيجية:

حدد فيليب سادلر Philip Sadler (2003) عناصر الإستراتيجية في الآتي:

1- تحديد عمل أو نشاط المنظمة.

2- تحديد نوع المنظمة.

3- الأهداف طويلة المدى.

4- مناطق القوة والضعف في المنظمة.

5- الفرص والتهديدات.

6- عوامل النجاح الرئيسية.

7- القرارات الإستراتيجية.

8- القدرات والكفايات.

9- المميزات التنافسية المستدامة.

ولتحقيق أهداف المنظمة لابد من اختيار الإستراتيجيات المناسبة لذلك. كذلك لابد من الاهتمام بعملية التصميم السليم لكل هذه الإستراتيجيات والتنفيذ الكفء والفعّال لها بما يؤدي إلى بلوغ الأهداف المرجوة.

جعل الإستراتيجية عملية مستمرة:

الإستراتيجية تتغير كلما تغيرات البيئة المحيط والقدرات الذاتية، ولذا يجب أن تكون هناك مرونة وتخطيط للطوارئ وسيناريوهات بديلة لاستيعاب الظروف الطارئة التي لم تكن في الحسبان.

وعلى أي منظمة مراجعة إستراتيجياتها كل فترة في الاجتماعات الدورية لمجلس الإدارة وتطوير وسيلة لتعليم وتعديل الإستراتيجية وذلك حسب ما تقتضيه الأحوال والظروف.

علاقة الإستراتيجية بالعمليات:

يمكن أن توضع العلاقة بين الإستراتيجية والعمليات كما يلي:

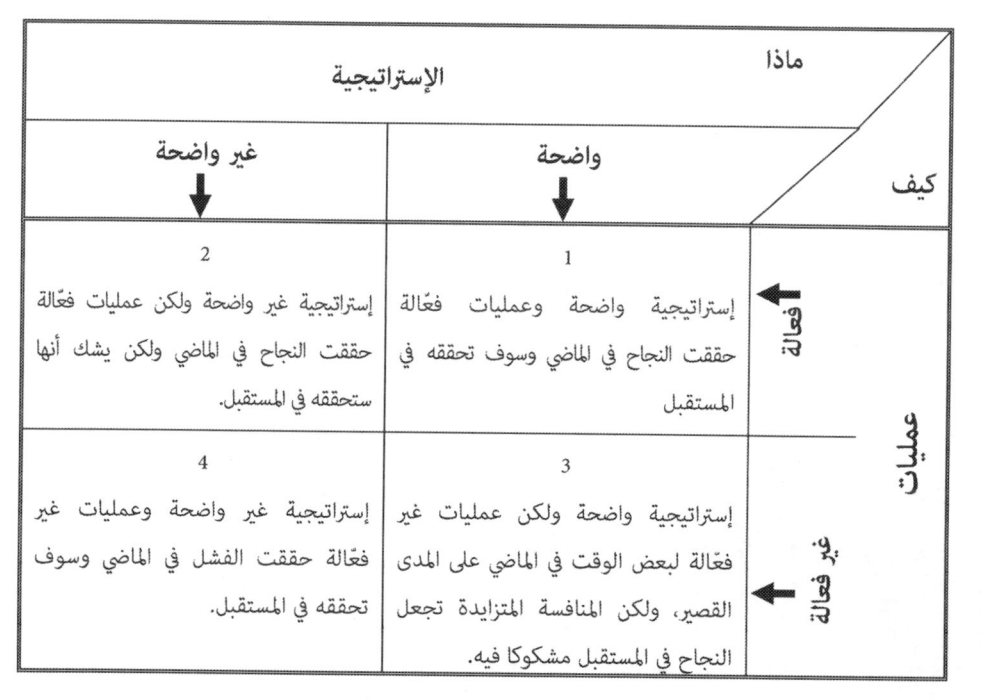

ماذا / كيف		الإستراتيجية	
		واضحة ↓	غير واضحة ↓
عمليات	فعّالة ←	1 إستراتيجية واضحة وعمليات فعّالة حققت النجاح في الماضي وسوف تحققه في المستقبل	2 إستراتيجية غير واضحة ولكن عمليات فعّالة حققت النجاح في الماضي ولكن يشك أنها ستحققه في المستقبل.
عمليات	غير فعّالة ←	3 إستراتيجية واضحة ولكن عمليات غير فعّالة لبعض الوقت في الماضي على المدى القصير، ولكن المنافسة المتزايدة تجعل النجاح في المستقبل مشكوكا فيه.	4 إستراتيجية غير واضحة وعمليات غير فعّالة حققت الفشل في الماضي وسوف تحققه في المستقبل.

شكل رقم (12)

علاقة الإستراتيجية بالعمليات

واضح من هذه الأقسام الأربعة أنه مع الإستراتيجية الواضحة والعمليات الفعّالة سوف تكسب دائما، ومع الإستراتيجية غير الواضحة والعمليات غير الفعّالة سوف تخسر دائما. أما إذا كانت الإستراتيجية واضحة والعمليات غير فعّالة فالنتيجة موضع تساؤل. فقد يستمر الكسب ولكنه يعتمد بصورة تكاد تكود كاملة على

القدرة على التنبؤ ثم نظل تحت رحمة القوى الخارجية مثل الاقتصاد والمنافسة، وهي قوى لا تعرف الرحمة عادة، وبالمثل إذا كانت العمليات فعّالة ولكن الإستراتيجية غير واضحة فقد نبق بفضل الاندفاع الحالي، ولكن إلى متى؟

أنواع الإستراتيجيات على مستوى المنظمة:

هناك أنواع عديدة من الإستراتيجيات على مستوى المنظمة، نذكر منها على سبيل المثال:

التصنيف الأول: حسب درجة التركيز:

1- إستراتيجية التركيز على عمل واحد.

2- إستراتيجية التركيز مع التنويع.

3- إستراتيجية التنويع غير المترابط.

التصنيف الثاني: حسب نوع التكامل:

1- إستراتيجية التكامل الرأسي.

2- إستراتيجية التكامل الأفقي.

3- إستراتيجية التكامل الرأسي والأفقي.

التصنيف الثالث: حسب درجة الانتشار

1- إستراتيجية الانتشار.

2- إستراتيجية التخفيض.

3- إستراتيجية التخلص.

4- إستراتيجية التصفية.

التصنيف الرابع: حسب درجة المخاطرة

1- إستراتيجية المخاطرة في حالة التأكد.

2- إستراتيجية المخاطرة في حالة عدم التأكد.

التصنيف الخامس: حسب نوع المخاطرة

1- المخاطرة الفردية.

2- المخاطرة المشتركة.

التصنيف السادس: حسب المنظور الكلي أو الجزئي:

1- إستراتيجية كلية (رئيسية) على مستوى المنطقة ككل وتغطي الأجل أو المدى الطويل.

2- إستراتيجيات جزئية سواء على مستوى كل منتج (سلعة أو خدمة) أو على مستوى وظائف الإدارة حيث تكون هناك إستراتيجية للتسويق وإستراتيجية للإنتاج وإستراتيجية للأفراد وإستراتيجية للأموال، وهذه الإستراتيجيات الجزئية لها طابع تشغيلي وتغطي الأجل المتوسط والأجل القصير، ويجب أن يتم إحداث تكامل بينها وبين بعضها وبين الإستراتيجية الكلية.

التصنيف السابع: حسب طبية الإستراتيجية في أرض الواقع:

1- الإستراتيجية المخطط لها مسبقا.

2- إستراتيجية طارئة ومفاجئة.

3- إستراتيجية مفروضة.

4- الإستراتيجية المحققة.

5- الإستراتيجية غير المحققة.

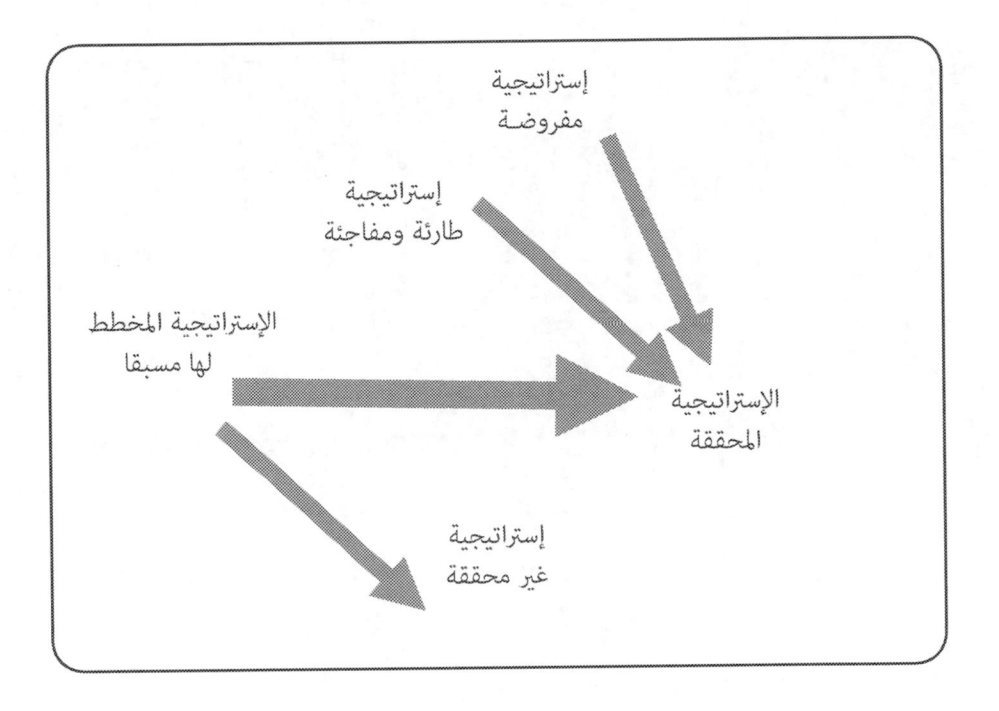

شكل رقم (13)

أنواع الإستراتيجية على أرض الواقع

التصنيف الثامن: حسب مستوى الإستراتيجية:

1- إستراتيجية المنظمة ككل	Corporate Strategy
2- إستراتيجية فروع المنظمة	Business Strategy
3- إستراتيجية العمليـات	Operations Strategy

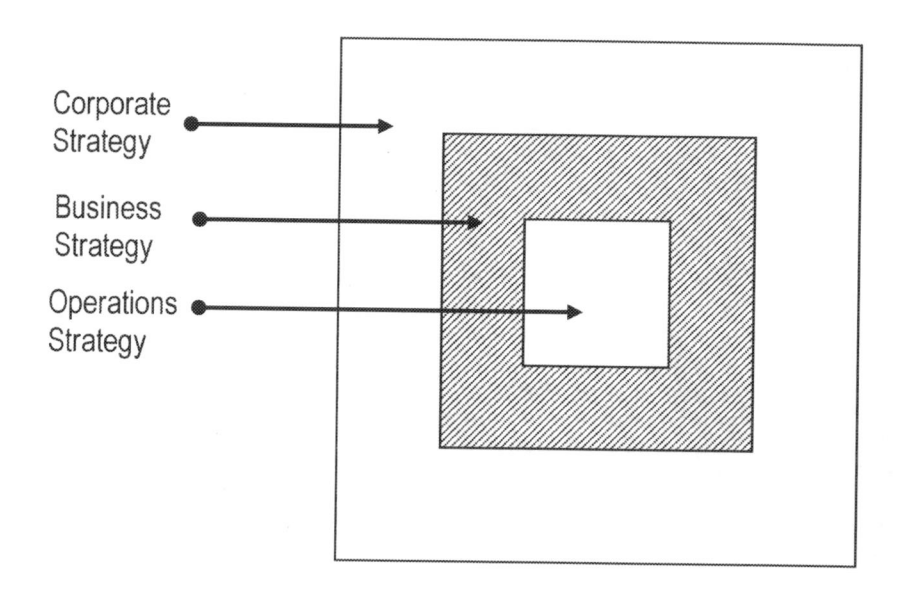

شكل رقم (14)

أنواع الإستراتيجية

ويقصد بإستراتيجية المنظمة هي تلك الإستراتيجية التي تحدد الاتجاه العام أو الكلي للمنظمة. ويمكن أن نقول أن هناك ثلاث مسارات في هذا الشأن، تختار المنظمة من بينهم: النمو والاستقرار والانكماش. وسوف يتم شرح لهذه المسارات في البند التالي.

أما إستراتيجية فروع المنظمة فهي غالبا تهتم بوضع إستراتيجية لإحدى فروع أو وحدات المنظمة أو لإحدى السلع أو الخدمات التي تقدمها المنظمة. ويمكن أن نقول أن هناك مسارين في هذا الشأن تختار المنظمة من بينهم: الإستراتيجية التعاونية Cooperative Strategy والإستراتيجية التنافسية Competitive Strategy.

ويقصد بإستراتيجية العمليات أو بالإستراتيجية الوظيفية Functional Strategy كما يطلق عليها في بعض الكتابات، بالإستراتيجية التي تهتم بتحسين مستوى الأداء بالنسبة للعمليات الإنتاجية والخدمية. والشغل الشاغل لإستراتيجية العمليات هو:

1- زيادة الإنتاجية.

2- تخفيض التكاليف.

3- الجودة الشاملة.

وذلك لإعطاء المنظمة مميزات تنافسية على غيرها من المنظمات الأخرى المشابهة أو التي تعمل في نفس المجال أو القطاع.

نقطة هامة في هذا الشأن هو ضرورة توفير الانسجام والتكامل بين هذه الأنواع من الإستراتيجيات.

التصنيف التاسع: حسب دورة حياة المنظمة:

يمكن تصنيف إستراتيجيات المنظمة حسب دورة حياة المنظمة، كما يشير أحمد سيد مصطفى، كالتالي:

1- إستراتيجيات النمو Growth Strategies:

إستراتيجيات النمو هي تلك الإستراتيجيات البديلة التي تختار الإدارة إحداها (أو بعضها) عندما تكون في بداية حياتها أو تكون في مرحلة تتميز بارتفاع الربحية وزيادة الفوائض المالية.

وهذا عرض موجز لأهم إستراتيجيات النمو:

1- النمو الذاتي: أي توسعات وإضافات دورية في أصول المنظمة اعتمادا على الموارد الذاتية للمنظمة أساسا.

2- التوسع المرحلي: في شكل إضافات جديدة مرحلية لأصول المنظمة.

3- الشراء أو الدمج لشركات أخرى تعمل في نفس النشاط أو في نشاط أو أنشطة أخرى.

4- التكامل الرأسي: بإضافة مرحلة (أو مراحل) سابقة أو لاحقة أو كليهما على النشاط الحالي للمنظمة، مثلا شركة للنسج تنشئ أو تشتري مصنعا للغزل كمدخل أو خامة تستخدم في صناعة الغزل أو القماش (مرحلة سابقة) أو تنشئ أو تشتري مصنعا للملابس الجاهزة تستخدم في صنعها ما أنتجته من قماش (مرحلة لاحقة).

5- التكامل الأفقي: أو التنويع بهدف توظيف موارد مالية متاحة أو فائضة وذلك بإضافة أنشطة أو منتجات جديدة تجمع بينها - لحد ما - علاقة إنتاجية أي باستخدام تجهيزات أو خامات مشتركة و/أو علاقة تسويقية أي تسوق من نفس منافذ التوزيع ولنفس مجموعات العملاء.

6- تكوين مشروع مشترك: بالدخول مع شريك أو أكثر حيث يقدم كل شريك حصته نقدا أو عينا لإنشاء شركة جديدة. وحيث يمكن أن تفيد المنظمة مما يتوافر لدى الشريك من موارد تفتقر هي إليها سواء كانت بشرية أو مالية أو مادية.

2- إستراتيجيات الاستقرار Stability Strategies:

إستراتيجيات الاستقرار هي تلك التي تختار الإدارة إحداها أو بعضها عندما تنتهي مرحلة النمو أو تحتاج المنظمة للحفاظ على استمراريتها في السوق دون استهداف نمو. وتتطلب المحافظة على استمرارية المنظمة معالجة ما قد يحدث من تقلبات في معدلات الطلب وفي الحصة السوقية للمنظمة، ومن ثم في ربحيتها وتتنوع إستراتيجيات الاستقرار فتشمل:

1- إستراتيجية التنويع: بهدف تقليل آثار انخفاض الطلب على منتج حالي أو أكثر. وذلك بإضافة أنشطة أو منتجات يعوض عائدها انخفاض عائد أو عوائد منتجات انخفض الطلب عليها.

2- إستراتيجية التركيز: وذلك بسحب موارد رئيسية من نشاط أو أكثر أو منتج أو أكثر وتوجيهها لآخر واعد. وقد يكون ذلك بشكل مؤقت أو دائم.

3- إستراتيجية التمركز: وذلك بالإبقاء على الأنشطة والمنتجات الحالية كما هي لكن مع تركيزها في إطار جغرافي أكثر تحديدا بتقليل عدد المصانع أو منافذ البيع الفرعية لتوفير تكلفة تلك الأنشطة أو المنتجات أو الفروع الأقل إنتاجية.

4- إستراتيجية الإنعاش: وذلك لمعالجة تقلبات حادة في حجم عمليات المنظمة أو انخفاض مستمر في الحصة السوقية والإيرادات والربحية. ويكون ذلك من خلال حزمة متكاملة من التوجهات الإستراتيجية والتشغيلية. أما التوجهات الإستراتيجية فتشمل تعديل رسالة المنظمة ومزيج أنشطتها ومنتجاتها وأهدافها وإستراتيجياتها، أو إعادة توزيع الموارد المتاحة ومنها الموارد البشرية على الأنشطة والمنتجات وإعادة التدريب والتدريب التحويلي. فضلا عن سعي لطلب قروض أو إعادة جدولة ديون و/أو طلب دعم سياسي. وأما التوجهات التشغيلية فتشمل السعي لزيادة الإيرادات وخفض التكاليف وخفض الأصول الثابتة لخفض تكلفتها.

3- إستراتيجيات الانكماش Retrenchment Strategies:

وهي تلك الإستراتيجيات التي تختار الإدارة إحداها عندما تفشل إستراتيجيات الاستقرار في معالجة ظروف الركود أو الفشل المالي والحفاظ على استقرار حجم نشاط المنظمة وحصتها السوقية أو إيراداتها وربحيتها. وتشمل إستراتيجيات الانكماش:

1- إستراتيجية الانقباض: حيث تستمر المنظمة في ممارسة نفس نشاطها وتقديم نفس منتجاتها لكن مع تخفيض حجم الإنتاج، وذلك بخفض أو التخلص من موارد غير اقتصادية أو غير منتجة مثل موارد بشرية أو تجهيزات أو استثمارات.

2- إستراتيجية الخلع: حيث تحذف المنظمة أحد أنشطتها نهائيا وبالتالي تتخلص من أصوله وموارد غير الاقتصادية أو غير المنتجة. وقد تعيد استثمار هذه الأصول أو الموارد في نشاط آخر أكثر فاعلية ونموا.

3- إستراتيجية التصفية: حيث تتجه الإدارة لتصفية موارد المنظمة تدريجيا للحصول على أكبر عائد صافي منها، على مدى فترة التصفية.

4- إستراتيجية البيع: حيث تتجه الإدارة لبيع أصول المنظمة وإنهاء أنشطتها كوحدة تشغيلية متكاملة في صفقة واحدة شاملة.

نقطة هامة ختاما لتصنيفات وأنواع الإستراتيجيات؛ يجب التأكيد على أن المفاضلة والاختيار على ضوء تحليل بيئة المنظمة الداخلية والخارجية. وما يعد إستراتيجية مناسبة في فترة معينة قد لا يكون كذلك في فترة لاحقة، طالما تعيش منظماتنا لبيئة سريعة التغير والتغيير.

ويمكن الاستعانة والاستفادة بالمعايير التالية في عملية اختيار الإستراتيجية المناسبة للمنظمة.

معايير اختيار الإستراتيجية:

لاختيار الإستراتيجية المناسبة لابد من الإجابة عن الأسئلة التالية:

1- هل الإستراتيجية مناسبة؟

2- هل الإستراتيجية قابلة للتطبيق؟

3- هل الإستراتيجية مقبولة؟

4- هل الإستراتيجية يتوفر بها عنصر السلامة؟

ويرى البعض أن الإستراتيجية الجيدة يجب أن تتوافر فيها المعايير التالية:

1- الوضوح من حيث الصياغة والقابلية للتطبيق العملي.

2- أن تتضمن مزايا تنافسية إيجابية.

3- متسقة مع باقي الإستراتيجيات في المنظمة.

4- أن تتضمن درجة كافية من المرونة.

5- تتفق مع رؤية ورسالة المنظمة وأهدافها طويلة الأجل.

6- أن تكتسب تأييد أعضاء المنظمة.

7- تنطوي على درجة مخاطرة مقبولة من جانب أصحاب المصالح.

8- تعكس العوامل البيئة والقدرات الذاتية الخاصة بالمنظمة.

9- تجمع بين الكفاءة والفعالية.

تنفيذ الإستراتيجية:

هذه المرحلة عبارة عن تخطيط لوضع الإستراتيجية التي تمت صياغتها موضع التنفيذ، والواقع أن تنفيذ الإستراتيجية يسير جنبا إلى جنب مع صياغة الإستراتيجية، علاقتهما معا وثيقة ويمكن تصويرها في الشكل التالي:

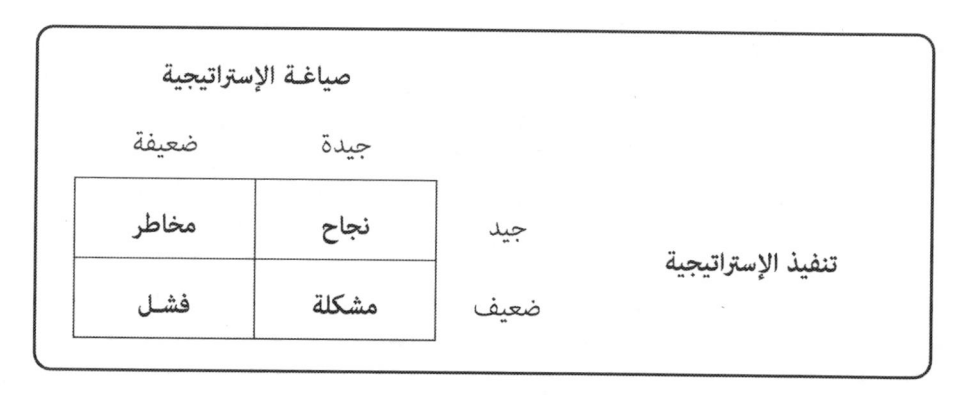

تنفيذ الإستراتيجية \ صياغة الإستراتيجية	جيدة	ضعيفة
جيد	**نجاح**	**مخاطر**
ضعيف	**مشكلة**	**فشـل**

شكل رقم (15)

تشخيص المشكلات الإستراتيجية

يشير الشكل السابق إلى نقطتين هامتين:

-1 أن تنفيذ الإستراتيجية لا يقل أهمية عن صياغة الإستراتيجية لأنه حتى ولو كانت الصياغة جيدة ولكن التنفيذ ضعيف فسوف تكون هناك مشكلات.

-2 من الصعب إجادة صياغة الإستراتيجية، إن لم يكن من المستحيل تقييمها في غياب التنفيذ الجيد.

-3 الفشل هو مصير المنظمة التي أهملت أو أخطأت في صياغة الإستراتيجية وقدمت تنفيذا استراتيجيا ضعيفا.

يستطيع المديرون من خلال حشد الطاقات وإثارة حماس العاملين والسيطرة والإدارة المتوازنة وضع إستراتيجيات جديدة وثقافة جديدة في أنظمة إدارتهم بشكل مستمر لمواجهة الاحتياجات الإستراتيجية في الحاضر والمستقبل.

ويتطلب تطبيق الإستراتيجيات الجديدة تغييرا واسع النطاق وقد ظهر لفظ التحول (أي التغيير الجذري الشامل) ليفرق بين حجم التغيير المطلوب لإستراتيجية المنظمة عن التحسين المستمر الذي تجريه المؤسسات بشكل روتيني.

التحليل البيئى
قيم الإدارة
الإستراتيجية الحالية
القضايا الإستراتيجية
البدائل الإستراتيجية
القرارات
الإستراتيجية المعدلة
تحليل الموارد
المسئوليات الاجتماعية

Environmental Analysis
Management values
Current Strategy
Strategic Issues
Strategic alternatives
Decisions
Revised Strategy
Resource Analysis
Social responsibilities

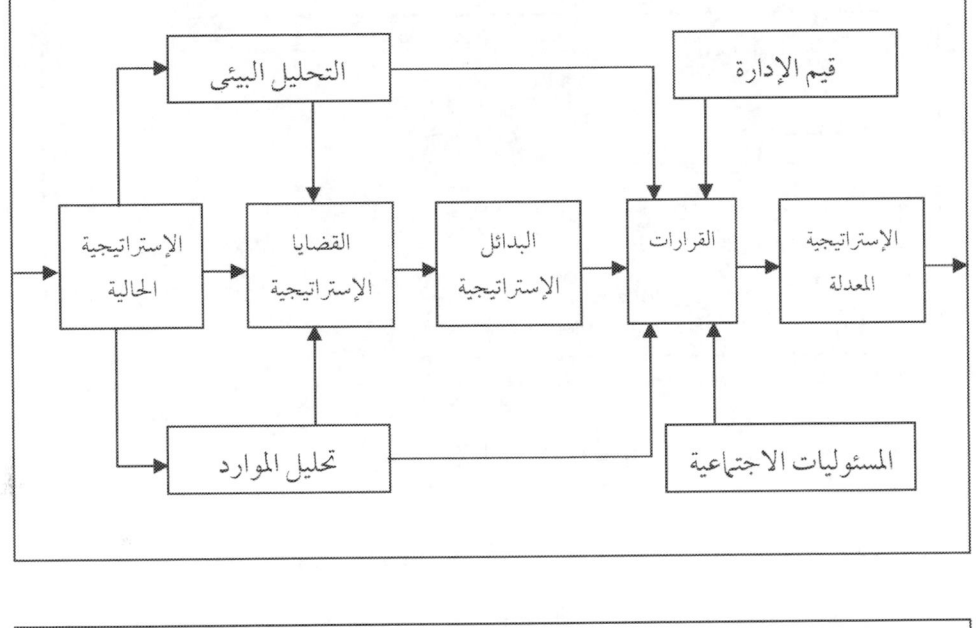

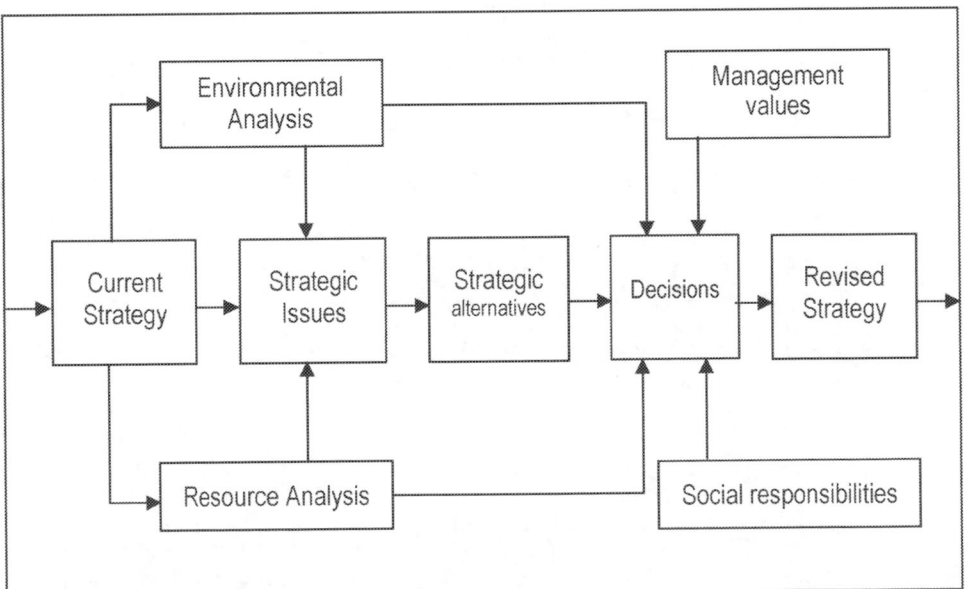

الفصل التاسع
تحليل بيئة المنظمة

أشتمل هذا الفصل على:

📖 عناصر البيئة الداخلية للمنظمة.

📖 عناصر البيئة الخارجية للمنظمة.

- التحليل على مستوى الصناعة.

- التحليل على مستوى البيئة المحيطة.

📖 تحليل PEST.

- البيئة الاقتصادية.

- البيئة الثقافية.

- البيئة التشريعية.

- البيئة التسويقية.

الفصل التاسع

تحليل بيئة المنظمة

تنقسم بيئة المنظمة إلى تقسيمين رئيسيين. البيئة الداخلية والبيئة الخارجية.

عناصر البيئة الداخلية للمنظمة :

ومن النماذج المعروفة في عملية تحليل البيئة الداخلية للمنظمة نموذج تحليل البيانات الداخلي IDA ، حيث يهتم هذا النموذج – كما يشير إلى ذلك جل بروكس Jill Brooks – بجمع وتحليل البيانات التالية :

1- رؤية ورسالة وأهداف المنظمة.

2- خطة العمل في المنظمة.

3- مخزون القوى البشرية بما فيها المعلومات السكانية مثل: العمر والجنس ومدة الخدمة.

4- مخزون المهارات بما فيها تفصيل للمهارات المتوفرة في مواقع العمل المحددة. كم عدد الحاملين لمهارة مطلوبة وما هي مستوياتهم؟

5- مؤشرات بيئة المنظمة مثل : الغياب ، الحوادث ، الإنتاجية ، الانضباط، الشكاوى ، تفاعل المستفيد ، المرض طويل وقصير المدى، التدوير ، حلقات الجودة ، مسح الاتجاهات ...

6- استشارة المديرين والمشرفين في أي تغييرات حاصلة أو متوقعة في النظم أو الممارسة.

وبشيء من التفصيل يوضح أحمد سيد مصطفى بأن البيئة الداخلية للمنظمة تضم كل ما هو داخل أسوار أو مبنى المنظمة. البشر مديرون ومرءوسون وعلاقاتهم التبادلية، ومدى ولائهم والتزامهم ودافعيتهم، وكذا النظم والسياسات الإدارية والتجهيزات المستخدمة (مدى كفايتها وكفاءتها وفاعليتها) والموارد البشرية والفنية والسوقية (السمعة والفروع ... الخ) والمالية والمعلوماتية ، ومستوى التكنولوجيا ، وتصميم أو طبيعة العمل والظروف المادية للعمل كالإضاءة والتهوية والضوضاء والنظافة. وكذا الظروف المعنوية أي كل ما يؤثر في معنويات وإنتاجية الإدارات والعاملين رؤساء ومرءوسين. ويفيد تحليل البيئة الداخلية للمنظمة في تحديد نقاط قوة وضعف المنظمة. نقاط القوة التي يمكن تعزيزها والبناء عليها ونقاط الضعف التي يتعين معالجتها.

أما المجالات التي يمكن أن تجسد نقاط قوة أو ضعف المنظمة ، فهي نظمها الفرعية. مثل نظم التسويق والإنتاج والموارد البشرية والشئون المالية والبحوث والتطوير، والمعلومات. ويشمل ذلك هيكل مواردها سالفة الذكر.

إن أيا من هذه المجالات قد يكون موضعا لنقاط قوة أو ضعف. فمثلا قد تكون نقاط قوة منظمة ما في نظام التسويق. فترى مواردها التسويقية وافرة فاعلة مثل عدد الفروع وحسن توزيعها جغرافيا وفاعلية تجهيزاتها والشهرة وكفاءات بشرية متميزة (مدير التسويق ومساعدوه واختصاصيو الترويج والتسعير والبيع) وتجد نقاط قوتها أيضا في مواردها المالية ، لكن نقطة ضعفها في النظام الإنتاجي بتقادم التكنولوجيا المستخدمة. ويتكامل تحليل البيئة الداخلية للمنظمة مع تحليل بيئتها الخارجية. فإذا توافرت نقاط قوة يتعين توظيفها في اقتناص ما يكشفه تحليل البيئة الخارجية من فرص سوقية. كذلك يجب تحديد نقاط الضعف كأساس للتخطيط لمعالجتها.

وأما التقسيم الثاني فهو البيئة الخارجية المنظمة. وهذا ما سنركز عليه في هذا الصدد.

لأثره المباشر على إستراتيجية المنظمة. ويفيد تحليل البيئة الخارجية للمنظمة في تحديد الفرص والتحديات (أو التهديدات) التي تفرزها هذه البيئة. الفرص التي يتعين اقتناصها والتحديات أو التهديدات التي يتعين تشخصيها والتخطيط لتفاديها أو تحييدها ، أو التعامل الفاعل معها إن كانت واقعة لا محالة.

والواقع أن المنظمات تعمل اليوم في بيئة ديناميكية سريعة ومتسارعة التغير. فما كان يحدث في الماضي من تطورات في مئات السنين يحدث الآن في أسابيع وشهور. فبين عصر الفحم وعصر الكهرباء، ثم عصر الذرة مئات السنين. أما الآن فما بين عصر الحاسبات وعصر الفضاء وعصر الهندسة الوراثية سنوات تعد على أصابع اليد. وحتى في أي من تلك المجالات الثلاث الأخيرة فإن الاختراعات والابتكارات تتوالى على مدى ساعات أو حتى دقائق. أيضا على الساحة العالمية الاقتصادية السياسية فإن ما حدث من تطورات في العشر سنوات الأخيرة يفوق في نطاقه وآثاره ما حدث في معظم القرن العشرين. إذن فنحن نعيش عالما سريع التغير، وربما وجدت أنك عندما توشك على الانتهاء من تصميم أهدافك ، فإن بعضها يكون قد تقادم.

لقد تضاءلت مساحة الثوابت في هذه البيئة فطغت عليها المتغيرات. متغيرات اقتصادية وسياسية واجتماعية وثقافية وفنية (تكنولوجية) وتشريعية ومادية تتسارع وتتشابك لتفرز فرصا(*) وتحديات.

فرص لا ينجح في استغلالها والإفادة منها إلا المنظمات التي أوتيت موارد بشرية متمكنة. أي

(*) يمكن تصنيف الفرص إلى نوعين. أما الأول فهو الفرصة السوقية، وتتمثل في اكتشاف احتياج السوق أو العملاء لمنتج معين لا يقدمه أحد من المنافسين أو يقدمه لكن بما لا يرقى لحاجات أو توقعات العملاء. وهنا يتعين استغلال هذه الفرصة وتقديم هذا المنتج. وأما الثاني فهو فرص أخرى متنوعة كأن يصدر تشريع أو قرار وزاري يقيد استيراد منتج منافس بشكل مؤقت. وهنا تستفيد المنظمة الصناعية ، أو يلغى قيودا على استيراد منتج معين مما يفيد المنظمة أو المنظمات التي تستورده لتبيعه في السوق المحلية. أو قد تأخذ الفرصة شكل خروج منافس قوى من السوق. أو انخفاض مرتقب في سعر مادة خام رئيسة.

مديرين أكفاء يحسنون قراءة المتغيرات البيئية واستشراف واكتشاف بل وخلق الفرص السوقية ثم استغلالها. ومع هؤلاء المديرين مساعدين ومرءوسين قادرين (عارفين وماهرين) ومدفوعين لأداء جاد مثمر ينجح في تحقيق ما رسمه المديرون من أهداف. هذا هو طراز المنظمات الفاعلة التي تنجح في اكتشاف وخلق الفرص، وتحييد التحديات أو التهديدات أو تحويلها لفرص.

عناصر البيئة الخارجية للمنظمة :

يتضمن تحليل البيئة الخارجية للمنظمة عنصران أساسيان. أما الأول فهو التحليل على مستوى الصناعة التي تنتمي إليها المنظمة. وأما الثاني فهو تحليل المتغيرات البيئية المحيطة. ويوضح أحمد سيد مصطفى هذين العنصرين كالتالي :

التحليل على مستوى الصناعة :

يشير تعبير «الصناعة» في هذا الصدد إلى كل المنظمات التي تعمل في مجال النشاط الذي تنتمي إليه المنظمة التي تخطط لنفسها إستراتيجيا. فمثلا، ينتمي الفندق إلى صناعة السياحة، والبنك إلى الصناعة المصرفية، وتنتمي شركة الغزل والنسج إلى صناعة الغزل والنسج.

وفي هذا الصد يتناول التحليل النقاط التالية :

أ-   ما هو عدد المنظمات المنافسة التي تنتمي لنفس الصناعة؟

ب-   كم منها يسوق منتجات محلية وكم يسوق منتجات مستوردة؟

ج-   هل ينتجون ويسوقون أم يسوقون فقط؟

د-   ما هي المزايا التنافسية التي تتمتع بها بعض المنظمات ضمن نطاق هذه الصناعة؟

هـ- ما هو ترتيبنا بين هذه المنظمات؟

و- هل يدخل منافسون جدد ، وما هو معدل التزايد في هذا الصدد؟

ز- هل هناك عقبات تحول دون دخول منافسين جدد ، وما درجة حدتها؟

ح- من هم الموردون الذين يُعتمد عليهم في نطاق هذه الصناعة، وما هي خصائصهم، ونقاط ارتكازهم (المنتج/السعر/الترويج/منافذ التوزيع/ الخدمات...).

ط- ما هي نقاط قوتنا التفاوضية إزاءهم؟

ويعد تحليل المنافسة مدخلا رئيسيا لتحليل الفرص والقيود. يمكن أن تسفر هذه العملية عن تحديد المنافسين الضعفاء ، وحيث يسهل الاستحواذ على السوق أو الأسواق التي يخدمها هؤلاء المنافسون. وقد تؤدي لتحديد المنافسين الأقوياء، ومدى فاعليتهم في الأسواق التي يخدمونها، وحيث قد يصعب الاستحواذ عليها. وفي كل الحالات يتعين أن تهدف إدارة الموارد البشرية لتهيئة وتطوير هذه الموارد بما يساعد على النجاح التنافسي وتنمية القدرة التنافسية.

التحليل على مستوى البيئة المحيطة:

يتضمن إطار هذه البيئة عدة تقسيمات. وتجدر الإشارة إلى أن نطاق تحليلها يشمل الإطار المحلي والإقليمي والعالمي وهي للتحليل:

وأحيانا يطلق على هذا التحليل مصطلح PEST لأنه يتناول العوامل السياسية والبيئية والاجتماعية والتكنولوجية المتأصلة في البيئة التشغيلية التي تجد المنظمة نفسها فيها.

ويمكن استخدام مثل هذا التحليل في تسليط الضوء على الاتجاه الذي يلزم أن تسير فيه المنظمة والإشارة إلى الإستراتيجيات الملائمة للوصول إلى هناك، شريطة أن

يكون هناك أساس سليم بدرجة معقولة للتنبؤ بالكيفية التي يحتمل أن تؤثر بها هذه العوامل ذاتها (فرادى ومجتمعة) على البيئة التشغيلية إجمالا، ومن ثم فرص المنظمة في البقاء فيها.

تحليل PEST:

العوامل البيئية Environmental • نفقات المستهلك. • معدلات الفائدة. • البطالة. • الاستثمار. • تكاليف الطاقة.	**البيئة السياسية Political** • السياسات الحكومية الجمركية والنقدية والضريبية والسعرية والمواصفات القياسية للجودة. • الاتفاقيات السياسية/ الاقتصادية. • الأحزاب السياسية. • اتجاهات الوزراء والمشرعين. • علاقة الحكومة بالمنظمة.
البيئة التكنولوجية Technological • سياسة الاستثمار الحكومي. • المنتجات الجديدة. • سرعة التغيير. • التكنولوجيا الجديدة. • معدل الإنفاق على البحث والتطوير بواسطة المنظمة. • التحالفات التكنولوجية وآثارها على المنظمة.	**البيئة الاجتماعية Social** • التغيير في أسلوب الحياة. • حدوث تغييرات في القيم والثقافة. • التغيرات الديموغرافية (السكانية). • توزيع الدخل. • الاتجاهات نحو العمل. • الاتجاهات نحو وقت الفراغ. • معدلات التعليم وأنواعه. • اتجاهات ومعدلات الهجرة

146

ويضيف أحمد سيد مصطفى أنواع أخرى من البيئات المحيطة بالمنظمة والتي يجب تحليلها أيضا لأهميتها ، وذلك كالتالي :

1- البيئة الاقتصادية :

يهيئ تحليل المتغيرات البيئية الاقتصادية افتراضات وتوقعات بشأن حجم الطلب المتوقع ومعدلات التضخم والانكماش وأسعار الفائدة أو تكلفة المدخلات المالية والبشرية (مستويات الأجور السائدة) ولامادية. فضلا عن تقييم البنية الأساسية الاقتصادية (الطرق والجسور والموانئ وشبكات المياه والصرف الصحي والكهرباء ... الخ) ، ومدى ما توفره من تسهيلات أو تشكله من قيود أو أعباء تكاليفية. وأثر ذلك على التكلفة الرأسمالية وتكلفة التشغيل للمباني المستخدمة كفروع أو منافذ توزيع ، وللتجهيزات مثل تلك المستخدمة في النقل أو في البيع الآلي.

2- البيئة الثقافية :

ويهيئ تحليل المتغيرات البيئية الثقافية افتراضات وتوقعات بشأن قيم واتجاهات وأذواق العملاء باعتبارها مؤثرة على حجم الطلب، وتصميم المنتج أو المنتجات. وبشأن المؤثرات الإعلامية/الإعلانية على اتجاهات العملاء وسلوكياتهم الشرائية والغذائية. وكذلك بشأن قيم واتجاهات العاملين بالمنظمة كمديرين وقادة فرق عمل وأفراد عاملين، وقيم واتجاهات الموردين، والموزعين، وهذا كله يؤثر بدرجة أو بأخرى على مدى النجاح في تحقيق أهداف المنظمة.

3- البيئة التشريعية :

ويتيح تحليل المتغيرات البيئية التشريعية افتراضات وتوقعات بشأن القوانين التي تصدر وتلك التي تطور أو تلغى. وهي قوانين أو تشريعات مؤثرة في مجالات هامة

بشريا مثل تشريعات العمل ، وتسويقيا مثل الاستثمار والسجل التجاري والوكالات التجارية والجمارك والأسعار والتبيين والتغليف والعلامات التجارية والاحتكار والنقد الأجنبي والتصدير والاستيراد والإغراق(*). كما أن الأحكام القضائية التي تصدر في أي من المجالات تمثل مؤشرات لاتجاهات المحاكم بتعيين رصدها وتحديد آثارها.

4- **البيئة السوقية :**

وتهيئ تحليل المتغيرات البيئية السوقية افتراضات وتوقعات بشأن هيكل وخصائص وحاجات العملاء المشبعة، وغير المشبعة. وبشأن حجم الطلب ومدى استقراره وتوزيعه جغرافيا. وهو ما يؤثر بدوره على مجالات تسويقية إستراتيجية مثل النقل المادي، وتحديد مواقع الفروع وأنماط تجهيزاتها، ومدى الحاجة للتمييز السعري لبعض قطاعات السوق المحددة على أساس جغرافي. وهذا بدوره يؤثر على احتياجات المنظمة من العمالة وتوزيعها على فروعها بما يتناسب واحتياجات هذه الفروع.

ولا يمكن القول بأن إحدى المتغيرات البيئية الخارجية أكثر ثقلا من غيرها أو أعلى أهمية. بل إن هذه المتغيرات تتبادل مواقع أهميتها وخطورتها من آن لآخر.

(*) يقصد بالإغراق قيام البائع سواء كان أجنبيا أو محليا ، مصدرا أو مستوردا - بشكل متعمد - ببيع المنتج بالسوق بسعر منخفض ، أقل من سعر التكلفة أو من السعر السائد بالسوق بهدف الإضرار بمنافسيه في هذا السوق وإزاحتهم.

الفصل العاشر
نموذج التحليل الرباعي SWOT

أشتمل هذا الفصل على:

📖 عناصر النموذج:

- مناطق القوة.

- مناطق الضعف.

- تحديد الفرص.

- تحديد التهديدات.

📖 مميزات وعيوب النموذج.

📖 تمرين: حدد هذه العناصر في المنظمة التي تعمل بها.

📖 أمثلة واقعية:

- شركة مصر للألمونيوم.

- شركة أصول للتمويل بالكويت.

الفصل العاشر

نموذج التحليل الرباعي SWOT

لتحديد عناصر التخطيط يمكن الاسترشاد بنموذج التحليل الرباعي المشهور بمصطلح S.W.O.T. ، والذي يتضمن :

1- تحديد مناطق القوة	Strengths
2- تحديد مناطق الضعف	Weaknesses
3- تحديد الفرص	Opportunities
4- تحديد التهديدات	Threat

تعريفات :

1- **مناطق القوة :**

- ما يمكن للمنظمة عمله أفضل من غيرها.
- أية إمكانيات داخلية ذاتية موجودة فعلا تساعد على استغلال الفرص المتاحة والممكنة وعلى مكافحة التهديدات.

2- **مناطق الضعف :**

- عكس نقاط القوة.
- أية ظروف وعوامل نقص داخلية موجودة فعلا تعيق من قدرة المنظمة على الاستفادة من الفرص.

3- **الفرص :**

- التغيير المحتمل حدوثه في البيئة المحيط بالمنظمة والذي يساعدها على العمل أو التوسع أو تلبية احتياج المجتمع المستهدف.
- أية ظروف أو اتجاهات خارجية تؤثر سلبا على المجال الذي تتميز به المنظمة والتي تقود في ظل غياب الإجراءات المدروسة إلى خسارة المنظمة لموقعها.

4- **التهديدات :**

- هي تلك الأشياء أو الأحداق أو الظروف التي تقيد حركة ونمو المنظمة وتمثل تهديدا لها وللفرص المتاحة للتغيير.

عناصر نموذج التحليل الرباعي:

م	العناصر Elements	الأبعاد Dimensions
-1	مناطق القوة	مناطق القوة الداخلية في الأفراد والموارد والتي يجب المحافظة عليها وتدعيمها.
-2	مناطق الضعف	مناطق الضعف الداخلية في الأفراد والموارد والتي تحتاج المنظمة إلى تقليلها أو إلغاؤها.
-3	الفرص	الفرص المتاحة والممكنة الخارجية والتي يجب على المنظمة اقتناصها والاستفادة منها.
-3	التهديدات	التهديدات الخارجية من المنافسين ومن الحكومة ومن الظروف المجتمعية المحيطة والتي يجب عمل حسابها وتجنبها والاستعداد لها والتعامل معها بشكل مناسب وسليم.

وفي ضوء المعلومات التي تم جمعها عن هذه العناصر يمكن تحديد وتحليل الاحتياجات التدريبية للعاملين بالمنظمة:

1- للتدريب على كيفية تدعيم مناطق القوة.

2- للتدريب على كيفية تقليل أو إلغاء مناطق الضعف.

3- للتدريب على كيفية الاستفادة من الفرص المتاحة والممكنة للمنظمة.

4- للتدريب على كيفية التعامل مع التهديدات الحالية التي تواجه المنظمة، وكيفية تجنبها في المستقبل.

مميزات وعيوب النموذج :

ومع أن هذا النموذج قد ساهم في توسيع عملية الإدارة الإستراتيجية لتشمل التعرف على العوامل البيئية المؤثرة على الأعمال في صورة فرص ومخاطر والحاجة إلى إجراء تقييم موضوعي لنقاط قوة وضعف المنظمة بالمقارنة بالمنافسين.

إلا أن منتزبرج والستراند ولامبيل (1968) طرحا عددا من التعليقات النقدية حول هذا النموذج :

1- يتجاهل هذا المنهج عملية التعلم التراكمي و «بروز أو نشوء» الإستراتيجية.

2- يتجاهل تأثير هيكل وثقافة المنظمة القائمين.

3- يبالغ المنهج في التأكيد على دور الرئيس التنفيذي.

4- مدى قدرة المنظمة على تحديد نقاط قوتها وضعفها محل شك وتساؤل.

5- أنه يؤدي إلى الجمود وعدم المرونة وعاجز عن مسايرة الاضطراب البيئي.

6- أنه ينشئ انفصالا اصطناعيا بين صياغة الإستراتيجية وتطبيقها.

تمرين :

حدد هذه العناصر في المنظمة التي تعمل بها:

العناصر	المناطق/ الجوانب/ أمثلة
مناطق القوة	
مناطق الضعف	
الفـرص	
التهديدات	

أمثلة واقعية:

العوامل التي تؤخذ في الاعتبار أثناء التحليل الإستراتيجي في شركة مصر للألمنيوم:

1- عوامل القوة Strength:

- قوة البنية الأساسية.
- قوة الهيكل التمويلي.
- تنوع الإنتاج.
- انتماء معظم العاملين.
- خبرة فنية متراكمة.
- الحفاظ على الميزة النسبية للعمالة في مصر.
- تميز العاملين بالحماس عند حاجة العمل.
- انخفاض التكلفة الاستثمارية للشركة.

2- **عوامل الضعف** Weakness:

- الهيكل التنظيمي للشركة.
- الاعتماد على بعض الخامات المستورة.
- البطالة المقنعة داخل الشركة.
- بعض شاغلي وظائف الإدارة العليا.
- السلبية واللامبالاة من بعض العاملين.
- عدم مسايرة البعض للتطور العلمي.
- كثرة الأعمال الورقية والبيروقراطية.
- عدم تعميم استخدام الحاسب الآلي في إدارة الأعمال اليومية.
- عدم الاهتمام بالتدريب بالقدر الكافي والمطلوب.

3- **الفرص** Opportunities:

- السوق الأفريقي والعربي.
- السوق المحلي.
- وجود الشركة في السوق العالمي.
- دخول الأسواق العالمية بمنتجات جديدة.

4- **التهديدات** Threats:

- التكتلات الاقتصادية الكبيرة.
- المنافسة العالمية الشديدة.
- المناخ الاقتصادي العام في مصر.
- تدخل الدولة بقرارات سيادية غير مستقرة.
- ارتفاع سعر الطاقة الكهربائية وعدم القدرة على التنبؤ بتطور أسعارها.
- التغير في أسعار الألمنيوم بالبورصة بصورة حادة وغير متوقعة.
- القوانين الصارمة لحماية البيئة محليا وعالميا.

- استمرار إغراق السوق العالمي بالألمنيوم بصورة حادة من دول رابطة الكومنولث المستقلة CIS.

- عدم ثبات القوانين المنظمة للعمل الاقتصادي والعاملين.

- سوء المناخ الاجتماعي في مصر.

- التغير المستمر في احتياجات الزبون لمنتج له قيمة مضافة عالية.

- ارتفاع تكلفة التمويل من السوق المصرفي المصري.

- التطور السريع للتكنولوجيا الحديثة في العالم.

تحليل البيئة التسويقية لشركة أصول للتمويل بالكويت :

مواطن القوة S

1- وجود كفاءات وخبرات مميزة بين العاملين.

2- وجود تحالفات إستراتيجيه مميزة.

3- الاهتمام بالنشاط الاستثماري والتركيز على تطوير الأدوات.

4- وضع إستراتيجيه طموحة ومميزة للشركة.

5- دعم مالي وقدرة على توفير مصادر تمويل مختلفة.

مواطن الضعف W

1- عدم التفاهم بين الإدارات.

2- عدم وجود فريق متخصص لتسويق المنتجات الجديدة.

3- صعوبة تصريف المخزون وتراكمه.

4- عدم وجود توصيف داخلي لتوزيع المهام والمسئوليات.

5- الإخلال بالضوابط الائتمانية.

الفـــرص O

1- توجه المجتمع نحو التعامل الاقتصادي الإسلامي.

2- انخفاض سعر الفائدة.

3- الاستقرار السياسي وتحرير العراق.

4- الانتعاش الاقتصادي وعودة رؤوس الأموال نتيجة أحداث سبتمبر.

5- الاستثمار الدولي النشط ووجود فرص مميزة.

التهديدات T

1- كثرة العروض الترويجية من الشركات المنافسة.

2- تباين في نسبة الربحية بين الشركات.

3- افتتاح البنوك الإسلامية وزيادة عدد المنافسين.

4- قرارات سياسية واقتصادية سلبية.

5- دخول الشركات العالمية المنافسة مع بدء اتفاقية الجات.

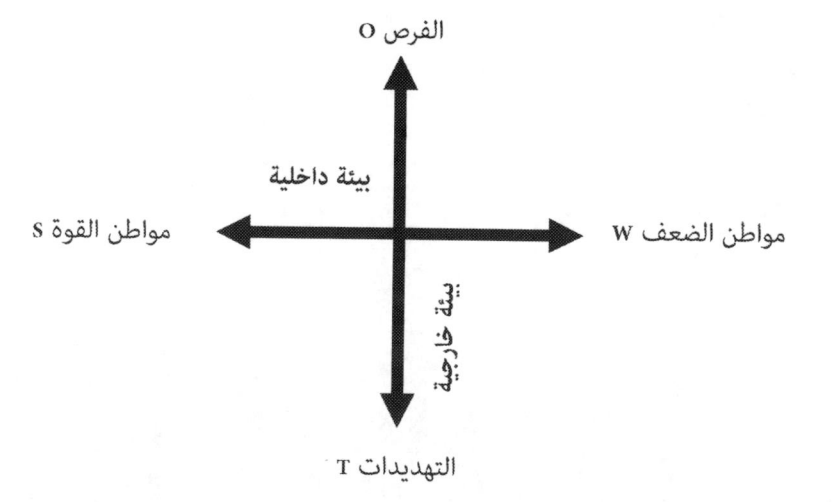

الفصل الحادي عشر
أدوات تحليلية أخرى

أشتمل هذا الفصل على:

الفصل الحادي عشر

أدوات تحليلية أخرى

مقدمة:

هناك أدوات تحليلية عديدة يمكن الاستفادة منها في تيسير عملية التفكير الإستراتيجي ووضع الخطط الإستراتيجية، ولقد شرحنا آنفا لنموذج PEST ونموذج التحليل الرباعي SWOT، وفي الفصل الحالي سوف نقدم أدوات تحليلية أخرى يمكن أن تساعدك على:

1- تلخيص البيانات القائمة عن الشركة وتحويلها إلى معلومات مفيدة.

2- تدعيم عملية اتخاذ القرارات.

3- تصميم برنامج التغيير.

ويمكن رصد أهم هذه الأدوات كالتالي(*):

1- تحليل العملاء.

2- تحليل الشركات المنافسة.

3- تحليل الموارد المتاحة.

4- تحليل الموارد في مقابل النتائج.

(*) المصدر: نيفيل ليك (2008).

5- تحليل مستقبل السوق.

6- تحليل معوقات الدخول إلى السوق.

7- تحليل دورة حياة المنتج أو الخدمة.

8- تحليل المنتجات أو الخدمات.

9- تحليل المخاطر.

10- تحليل السيناريوهات المحتملة.

وفي كتاب هام عن المرشد العملي في التخطيط الإستراتيجي لمؤلفه نيفيل ليك Neville lake (2006) وترجمة هدى فؤاد (2008)، تم شرح هذه الأدوات كالتالي:

1- تحليل العملاء Clients Analysis:

العملاء هم أعظم ما تمتلكه من أصول وربما تكون قد رأيت بعض اللافتات التي تقول إن موظفيك، أو حاملي أسهم شركتك أو حقوق الملكية الفكرية التي تمتلكها هي أعظم أصولك، ولكن هذا غير حقيقي فهذا كله يبدأ وينتهي بالعملاء.

أطلب من العاملين في إحدى المؤسسات أن يصفوا لك عملاءهم وستجدهم يتحدثون عن «العملاء الذين يصعب إرضاؤهم» ، «كبار العملاء»، «العملاء المهمين» وهكذا. وربما يقولون لك أشياء قد لا يستطيع الخصم المهذب أن يكتبها. كانوا سيتحدثون عن العملاء الذين يشترون الكثير من السلع أو الخدمات وينفقون في ذلك مبالغ طائلة، وهؤلاء الذين يحظون بقدر اكبر من الاهتمام لأسباب أخرى. وهذه كلها طرق طريفة للتفكير في العملاء. ولكنها قد لا تكون مفيدة في عملية اتخاذ القرارات.

ولكي تقوم بتحليل العملاء ينبغي عليك أن تميز بين العملاء الموجودين حاليا (والذين سوف يشملهم هذا التحليل) والعملاء المحتملين. وبعد أن يصبح هذا الفرق واضحا، يمكن أن ننتقل إلى دراسة العملاء الحاليين بطريقتين؛ الأولى أن

تدرسهم من وجهة نظرك أنت، والثانية أن تدرسهم من وجهة نظرهم (وجهة نظر العملاء أنفسهم).

العملاء من وجهة نظرك أنت:

العميل من وجهة نظرك هو مصدر المال الذي يجعل شركتك تستمر في العمل. وهناك طرق عديدة لتحليل العملاء، ولكن أكثر هذه الطرق فاعلية هو أن نطرح الأسئلة الثلاثة التالية:

- هل تكسب أموالا من هذا العميل؟
- ما مقدار ما نكسبه منه (ونقوم بحساب إجمالي الأموال التي نحصل عليها، والأرباح التي نحصل عليها من كل عميل كل عام كنسبة من المنتج أو الخدمة التي يشتريها
- هل سيقدم لنا هذا العميل عملا مستمرا في المستقبل؟

وهناك طريقتان يجب أن تستخدمهما في عرض هذه المعلومات؛ الأولى أن تعرضها في ترتيب منتظم يشمل كل العملاء، والثانية أن تعرضها في ترتيب منظم يشمل القطاعات المختلفة للعملاء.

ولكي نقوم بتحليل العملاء من وجهة نظرك، فإن الخطوة الأولى هي أن تقوم بإعداد قائمة بجميع عملائك توضح فيها المبالغ الإجمالية التي تحصل عليها من كل عميل بالجنيهات، أي إجمالي مبيعاتك بالجنيهات. رتب هذه القائمة بحيث تضع العميل الذي تبيع له أكبر قدر من منتجاتك أو خدماتك على رأس القائمة، والعميل الذي يليه في حجم المشتريات بعده في القائمة، وهكذا. وهذه المعلومات يجب أن تكون موجودة في دفاتر حساباتك، ومبيعاتك وفواتيرك.

ألق نظرة على هذه القائمة، ربما تكون لديك مجموعة معقولة من العملاء المعتادين على قمة هذه القائمة، وتجد عددا أكبر من العملاء الذين أنفقوا مقدارا صغيرا من المال في شركتك خلال الأثني عشر شهرا الماضية في ذيل القائمة. ويجب

أن تذكر أيضا إن كان من المجدي لك أن تقوم بإجراء أية تحليلات إضافية أخرى على هذا «الذيل» أم لا. وعادة ما يتمركز العملاء الذين يجب، بل وينبغي أن تستمر علاقتك بهم في المستقبل في الثلث الأول من القائمة أو أكبر قليلا من ذلك، أما الباقون فهم في الغالب عملاء ستتوقف علاقتك معهم أو سيكونون مجرد عملاء مزعجين لا يزيد مجموع ما يقدمونه للشركة على عشرة بالمائة من إجمالي دخلك.

ومن المنطقي جدا في هذه المرحلة أن تضيق نطاق تركيزك، أي أن تركز على العملاء المهمين فقط (ولكن إذا قررت أن تقطع هذا الذيل فلا تلق بهذه القائمة في سلة المهملات، فسوف نعيد النظر فيها مرة أخرى عندما نأتي إلى مرحلة تحليل التكاليف). وبدلا من أن تقطع هذا الذيل، فكر بشيء من الحكمة: فإذا كنت تعتقد أن الكثيرين من هؤلاء العملاء الذين يحققون لك فائدة محدودة اليوم يمكن أن يصبحوا عملاء مهمين لك في المستقبل، فإن من الحكمة أن تحتفظ ببعض هؤلاء العملاء أو تحتفظ بهم كلهم.

والآن حلل حجم النمو المتوقع خلال الأثني عشر شهرا القادمة لكل عميل في هذه القائمة. فمن المحتمل أن تصبح هذه المعلومات جزءا من التوقعات الخاصة بحركة المبيعات، ولكن إذا لم تكن هذه المعلومات مدونة فعليك أن تلجأ لسؤال موظفي المبيعات الذين يحرصون على تقديم التوقعات الواقعية (أي التي تتسم بالحرص والتحفظ).

عبر عن هذا النمو في صورة نسبية مئوية، أي أنه إذا كان حجم تجارتك اليوم مائة ألف جنيه إسترليني، وتتوقع أن يزداد حجمها إلى مائة وأربعين ألف جنيه إسترليني خلال الأثني عشر شهرا القادمة؛ فهذا يعني أن نسبة الزيادة تبلغ أربعين بالمائة وتكتب هكذا (40%+) أما إذا كان حجم تجارتك اليوم مائة ألف جنيه إسترليني وتتوقع أن تنكمش إلى ستين ألف جنية إسترليني خلال الأثني عشر شهرا القادمة فتكتب الخسارة هكذا (40% -).

وبعد ذلك عليك أن تكمل تمرينا مماثلا، ولكن بدلا من أن تنظر إلى الأثني عشر شهرا القادمة، حلل أو خمن ما سيكون عليه حال شركتك خلال السنوات الثلاث القادمة في ضوء مستويات العمل اليوم. أي أنه إذا كان حجم تجارتك في الوقت الحالي إن عملاءك ينظرون إلى شركتك من زاوية مختلفة تماما، فهم لا يهمهم على الإطلاق أن يسهموا في زيادة أرباحك. وكل ما يهمهم هو أن تظل قادرا على تقديم ما يكفر من المنتجات أو الخدمات لكي تظل في السوق (فهم لم يكلفوا أنفسهم عناء اتخاذ قرار بمساعدتك إذا كنت على شفا الإفلاس)، كما أنهم لم يترددوا في اتخاذ ما يعرفونه من معلومات عنك في الضغط عليك للحصول على أكبر نسبة ممكنة من الخصم من شركتك؟

وكلما استطعت أن تفهم عملاءك من وجهة نظرهم هم أصبحت أكثر قدرة على تحقيق هامش الربح الذي تريده مع الاحتفاظ بعملائك في آن واحد. وكلما أصبحت إستراتيجية شركتك قادرة على تلبية احتياجاتك واحتياجات عملائك، أصبحت قادرا على تحقيق مستقبل مشرق لك ولهم.

وإليك فيما يلي قائمة بالمعلومات الرئيسية التي سوف تحتاج إليها:

- لماذا يقبل العميل على شراء منتجك أو خدمتك؟

- لماذا يفضل العميل منتجك أو خدمتك على منتجات أو خدمات الشركات المنافسة لك؟

- ما مدى رضا العملاء عن منتجاتك أو خدماتك؟

- من الذي يتخذ قرار الشراء ويستمر في شراء منتجاتك أو خدماتك؟ وما هي المعايير التي يستخدمها هذا العميل لاتخاذ قرار الشراء؟

هذه المعايير من البيانات توضح مواطن الضعف في شركتك والتي يمكن أن تؤثر

على أرباحها في المستقبل، كما تلقي الضوء أيضا على المشكلات التي تواجه العملاء، وتوضح مواطن القوة التي ينبغي أن تركز عليها وتعززها في شركتك. وسوف أعرض عليك فيما يلي المعلومات التي تقدمها لك كل نقطة من هذه النقاط، ثم أوضح لك الطريقة التي يمكن أن تستخدمها في جمع هذه البيانات في القسم التالي الخاص بدراسة العملاء من خلال وجهات نظرهم.

2- تحليل الشركات المنافسة Competitors Analysis:

إن كل منظمة لديها منافس من نوع ما، حتى شركات القطاع العام لها منافسين. وجدير بالذكر أن قوة المنافسة ليست موزعة بالتساوي. وجدير بالذكر أن قوة المنافسة ليست موزعة بالتساوي على الشركات. وعندما تفكر في منافسيك، حدد نوع علاقتك بهم.

وغالبا ما نجد أن الشركات المختلفة لها علاقات مختلفة مع منافسيها. وكلما زاد ارتباطك بمنافسيك احتجت إلى بذل المزيد من الجهد لفهم توجهاتهم وما ينوون فعله. فهؤلاء المنافسون لديهم أهداف للنمو لا يمكن أن تتحقق إلا إذا أخذوا جزءا من نصيبك في السوق، مثلما تهدف الخطط التوسعية التي يضعها الرئيس التنفيذي لشركتك إلى أخذ جزء من نصيبهم في السوق.

ولكي تكون قادرا على كسب عيشك في سوق مزدحمة ينبغي أن يكون لديك معرفة كافية بمكانتك وعلاقتك بمنافسيك. وهناك العديد من التساؤلات التي ينبغي أن تكون قادرا على الإجابة عنها. وكلما قل عدد المنافسين، كان من السهل الحصول على المعلومات عنهم، لأن جميع اللاعبين في السوق يشغلون مساحة كبيرة وأخبارهم تملأ الصحف، وهم أيضا موجودون في جميع المؤتمرات، وإعلاناتهم في كل مكان ومن السهل الحصول على البيانات الإحصائية الخاصة بهم، وكلما زاد عدد المنافسين،

تطلب الأمر بذل المزيد من الجهد لجمع المعلومات عنهم ومعرفة خطواتهم. وأيضا كلما كانت شركتك مقسمة بين أنشطة عديدة، وكان لديك قطاعات عديدة من العملاء تقدم خدماتك ومنتجاتك لهم، كنت في حاجة إلى استثمار المزيد من الوقت في جمع البيانات التي تحتاج إليها.

وينبغي عليك أن تجيب عن الأسئلة الآتية:

- من هم منافسوك؟

- ما هي منتجاتهم أو خدماتهم؟

- ما مقدار نصيبهم من السوق المتاحة؟

- ما هي نقاط قوتهم؟

- ما الذي يعطيهم ميزة تنافسية في أسعارهم.

- ما هو موقفهم المالي؟

- ما هي خطوتهم التالية المتوقعة؟

وينبغي عليك أن تفكر في المنافسين المحتملين الذين قد يظهرون لك:

- من هم المنافسون المحتملون؟

- ما مدى احتمال دخولهم إلى هذا السوق؟

- ما هي الخطوات التي قد يتخذونها لجذب عملائك الحاليين؟

- ما مدى التهديد الذي يشكلونه لشركتك؟

وللإجابة عن الأسئلة السبعة الأولى عليك أن تنشئ جدولا من سبعة أعمدة (أنظر الشكل التالي). استخدم هنا الجدول لتسجيل إجابتك عن الأسئلة الهامة.

المنافسون	المنتجات أو الخدمات	نصيب الشركة من السوق	نقاط قوتهم وعوامل جذب العملاء	الميزة السعرية	المركز المالي	المستقبل المحتمل

شكل رقم (16)

تحليل المنافسون

3- تحليل الموارد المتاحة Availability Analysis:

تحتاج بعض الشركات إلى امتلاك مجموعة خاصة من المعدات أو المنشآت أو كليهما معا، وقد تحتاج بعض الشركات الأخرى إلى موقع معين تقام فيه (فالمحلات المتخصصة مثلا ربما ينبغي أن تبحث عن مكان لنفسها في مراكز التسوق). وهناك شركات أخرى قد تحتاج للحصول على إمدادات منتظمة من المواد الخام. وهذه الخصائص المتمثلة في الاحتياج إلى توافر بعض الموارد أو الإمكانيات بشكل عام قد تكون من القيود التي تحكم نشاط الشركة وتوثر فيه.

ويمكن أن تمثل هذه الخصائص حواجز تعوق إمكانية دخول بعض الشركات إلى مجال نشاط معين أو أسواق معينة، وقد تكون عائقا أمام عمليات التطوير، ولهذا فقد يكون من المفيد أن نتناول كل منها على حدى.

والتحليل التالي الذي ينبغي أن تقوم بإجرائه يعتبر تحليلا مباشرا تستطيع أن تنتهي منه في وقت قصير نسبيا. أرسم جدولا مكونا من ثلاثة أعمدة.

في العمود الأول أكتب كل ما تحتاج إليه من مواد وإمكانات مثل الموقع، والمعدات، والمواد الخام وغير ذلك. تحدث مع الأشخاص المسئولين عن عمليات الشراء وسائر التسهيلات الأخرى (وخاصة توفير المساحة اللازمة). وفي العمود الثاني الشراء وسائر التسهيلات الأخرى (خاصة توفير المساحة اللازمة). وفي العمود الثاني أكتب الأشياء التي يمكن أن تهدد إمدادات هذه الموارد. وربما تكون في حاجة إلى إلقاء نظرة على الطلب العالمي على المواد الخام. أو قد تحتاج إلى إلقاء نظرة على مدى توافر هذه الموارد على المستوى المحلي.

وفي العمود الثالث ضع تقديرات لمدى احتمالية وقوع هذه التهديدات خلال السنوات الثلاث القادمة. وهذه التقديرات تكون في شكل درجات من واحد إلى خمسة. ورقم واحد يعني أن من المحتمل جدا أن يتحول التهديد إلى حقيقة، ورقم ثلاثة يعني أن من الممكن أن يحدث ذلك، ولكنه ليس هو الاحتمال الأرجح، ورقم خمسة يعني أن التهديد بعيد جدا.

م	المتطلبات	التهديدات التي يمكن أن تتعرض لها هذه المتطلبات	احتمالات تحول هذه التهديدات إلى حقيقة
1			
2			
3			
4			
5			

شكل رقم (17)

تحليل الموارد المتاحة

مصادر المعلومات:

ربما تضطر إلى البحث عما تحتاجه من معلومات في أماكن مختلفة، ومن بين الأماكن التي يمكن أن تجد فيها ما تحتاج إليه من معلومات أقسام المشتريات، وإدارة الأملاك والتمويل والمبيعات.

والآن بعد أن جمعت الكثير من المعلومات حول ما يحدث خارج شركتك، أنظر إلى ما جمعته نظرة عامة من مسافة بعيدة إلى حد ما وحاول أن تستخلص منه أهم الرسائل المفيدة لك على ألا يزيد عددها على أربع رسائل أو خمس على الأكثر، لقد بدأت تسير قدما في العملية الإستراتيجية، وقد اتضحت لك الآن أشياء ربما لم تكن تعرفها عن مؤسستك من قبل.

والآن حان الوقت لكشف الغطاء عما يحدث داخل مؤسستك.

4- تحليل الموارد في مقابل النتائج Resources Versus Outcomes Analysis:

في معظم المؤسسات هناك مشروعات، أو أنشطة أو منتجات أو خدمات يستثمر فيها وقت وموارد دون أن تعطي عائدا يوازي هذه الاستثمارات. وهذه المشروعات أو الأنشطة أو غيرها ربما كانت ذات أهمية في الماضي ولم تعد مناسبة للوقت الحاضر، وربما كانت مجرد محاولة جيدة لم تحقق نتائجها المرجوة، أو ربما كانت مجرد تعبير عن الأنا المتضخمة لأحد كبار المديرين ولإرضاء غروره، وهذه الاستثمارات تستنزف موارد شركتك، كما أنها تصرف العاملين عن القيام بأعمال أكثر أهمية وفائدة.

وأفضل طريقة للكشف عن هذه الفخاخ الموجودة في المؤسسة هي أن تعد قائمة بالمشروعات، والأنشطة التدريسية والمنتجات والخدمات التي تستهلك قدرا كبيرا من الوقت والمواد. ضع هذه القائمة في العمود الأول من جدل مكون من ثلاث أعمدة كالتالي:

م	المشروعات/ الأنشطة المنتجات/ الخدمات	التكاليـــف	النتائـــج
1			
2			
3			
4			
5			

شكل رقم (18)

تحليل الموارد في مقابل النفقات

دون في العمود الثاني كل التكاليف المتعلقة بالأنشطة التي وضعتها في هذه القائمة، وهذه التكاليف ينبغي أن تتضمن الوقت، والمواد، والمعدات، والإيجار، والوقت الذي تستثمره الإدارة - وكل شيء. أحسب الجنيهات التي تم إنفاقها خلال الإثنى عشر شهرا الماضية.

وفي العمود الثالث أكتب جميع الأرباح الناتجة عن هذه الاستثمارات خلال الإثني عشر شهرا الماضية. ويجب أن يتضمن ذلك عائدات المبيعات، والتكاليف التي تم توفيرها، والفرص التي أصبحت متاحة، ولا ينبغي أن تضع هنا أرباح المبيعات التي يمكن أن تحققها في المستقبل لأنها لم تتم بعد. فهنا لا يجب أن تكتب إلا المكاسب التي تحققت بالفعل.

والآن يمكنك أن تنقل هذه المعلومات إلى مصفوفة مكونة من أربعة أقسام توضح البنود ذات التكلفة المنخفضة + العائد المرتفع، والبنود ذات التكلفة المنخفضة + العائد المنخفض، والبنود ذات التكلفة المرتفعة + العائد المرتفع، والبنود ذات التكلفة المرتفعة والعائد المنخفض.

العائد

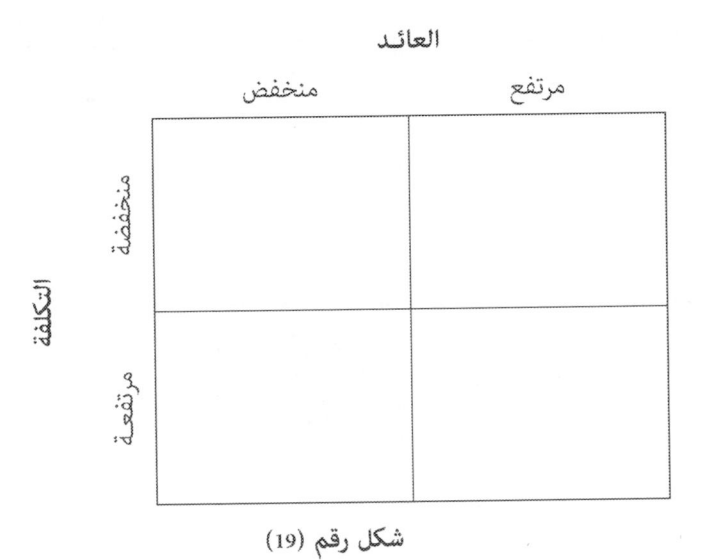

شكل رقم (19)

تحليل التكلفة في مقابل العائد

والبنود التي تتطلب تكلفة عالية وتعطي عائدا منخفضا سوف تتطلب اهتماما خاصا في العملية الإستراتيجية فيما بعد.

مصادر المعلومات:

إذا كان لديك نوع من أنظمة حساب تكلفة الأنشطة فلابد أن هناك كودا (رمزا) لكل جزء من أجزاء العمل المحددة، وكل ما عليك هو أن تحصل على التقارير الخاصة بذلك. وإذا لم يكن هناك نظام لحساب تكلفة الأنشطة المختلفة فسيكون من الصعب على شخص واحد أن يجمع كل هذه البيانات. وأفضل طريقة هي أن تطلب من كل مدير مسئول عن أحد البنود التي دونتها في القائمة أن يحدد لك تكلفتها والعائد منها ويقوم بإجراء جميع الحسابات المتعلقة بها. فهم الأقدر على الوصول لهذه المعلومات وربما تكون لديهم بعض السجلات التي تجد فيها ما تحتاج إليه.

5- تحليل مستقبل السوق Market Future Analysis:

هذا التحليل عبارة عن تصوير بياني لما يحتمل أن يحدث في الأسواق الرئيسية التي تعمل فيها شركتك، وهو يحول المعلومات إلى «لوحة» توضح ما يمكن أن يحدث في المستقبل.

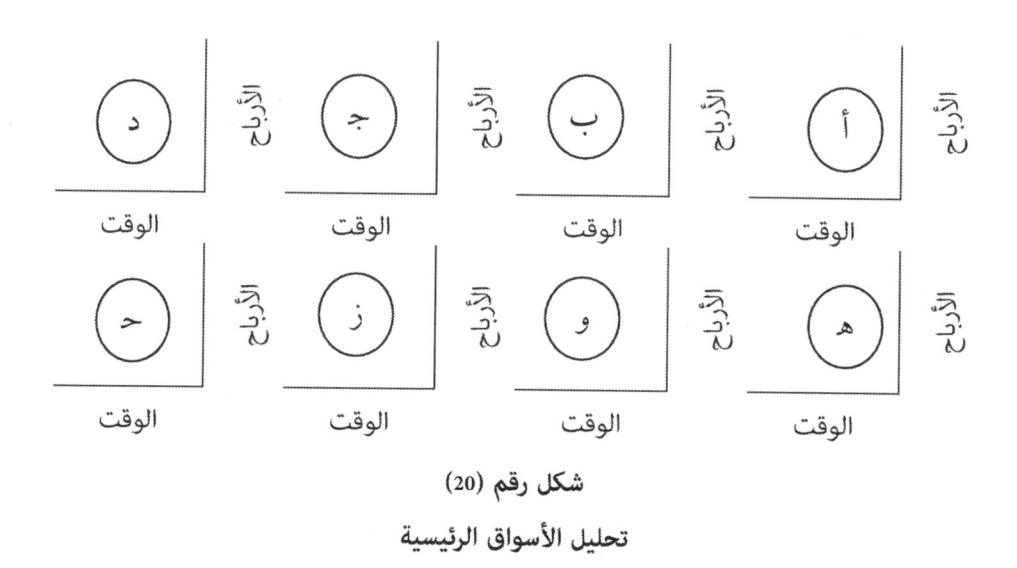

شكل رقم (20)
تحليل الأسواق الرئيسية

كيفية استخدام هذا التحليل:

● أعد قائمة بالأسواق الرئيسية التي تعمل فيها شركتك، ويوجد بها أي عميل من كبار العملاء.

● ارسم رسما المحور الأفقي فيه يمثل الوقت والمحور الرأسي يمثل الأرباح.

● وضح الأرباح (أو المبيعات إذا لم تكن تستطيع تحديد الأرباح) التي حصلت عليها شركتك من كل سوق أو من كل عميل كبير خلال العامين الماضيين.

- ارسم خطا على كل رسم بياني يمثل الماضي والمستقبل المتوقع.

- ضع هذه الرسوم البيانية كلها جنبا إلى جنب.

ماذا يوضح هذا التحليل؟

اتجاه الخطوط هو المفتاح الذي نستطيع أن نتنبأ من خلاله بما يمكن أن يحدث.

- إذا كانت جميع الخطوط تشير نحو الجنوب (إلى أسفل) فمعنى ذلك أن أرباحك سوف تتعرض للمشكلات.

- وإذا وجدت أن أرباحك في بعض الأسواق قد بدأت تنكمش فعليك أن تعيد النظر في مسألة استمرارك في هذه الأسواق.

- إذا كانت هناك فرص جيدة في بعض الأسواق فيجب أن تفكر في بذل المزيد من الجهد بنصيب أكبر منها.

6- تحليل معوقات الدخول إلى السوق Barriers to Entry Analysis

بعض الشركات تضطر إلى استثمار مبالغ مالية كبيرة في التكنولوجيا، والمعدات والمباني والمنشآت قبل أن تتمكن من البدء في تقديم منتجاتها أو خدماتها، وهذه الاستثمارات قد تكون باهظة لدرجة أنها قد تردع جميع المنافسين الذين لا يستطيعون الانتظار لعدة سنوات قبل الحصول على عائد، أو ليسوا مستعدين لذلك.

والشركات الموجودة في السوق بالفعل لديها القدرة لا على تقديم المنتجات فحسب، وإنما أيضا على السيطرة على قنوات التوزيع، فهم يكبلون العملاء الحاليين من خلال العقود، ويؤمنون مستقبل شركاتهم من خلال الأنظمة المتكاملة، أو يمنعون المنافسين من الدخول إلى السوق من خلال بعض الوسائل الأخرى (مثل

174

شروط الضمان) بحيث يتكبد العميل تكاليف باهظة إذا أراد أن يحول تعامله إلى شركة أخرى. وهذه هي معوقات الدخول إلى السوق. وهناك معوقات أخرى مثل الحصول على التراخيص، وقوة اسم الماركة وشبكة العلاقات.

وينبغي عليك أن تتأكد بوضوح من مدى قوة وفعالية الحواجز التي تحمي شركتك وتجعل من الصعب على منافسيك أن يأخذوا عملاءك. فإذا كان هناك عدد قليل وغير كاف من الحواجز فسوف تكون شركتك معرضة لخطر تمكن الشركات المنافسة من اجتذاب أفضل عملائك، لذلك ينبغي عليك أن تعمل جاهدا على تقوية وتدعيم علاقتك بالعملاء بكل الطرق والوسائل الممكنة.

اكتب قائمة بحواجز الدخول التي تحمي شركتك، ثم ضع محتويات هذه القائمة في العمود الأول من جدول مكون من ثلاثة أعمدة كالتالي:

م	الحواجز التي تحمي شركتك	تكلفة اختراق الشركات المنافسة لهذه الحواجز	احتمالات إقدام أحد المنافسين على الاستثمار في نفس نشاطك
1			
2			
3			
4			
5			

شكل رقم (21)

الحواجز التي تحمي شركتك

وفي العمود الثاني أكتب التكلفة التي سيتكلفها أحد المنافسين لكسر أحد هذه الحواجز ومنافستك. ضع في اعتبارك التغيرات التي سيكونون في حاجة إلى إدخالها على عملياتهم، ومنتجاتهم أو خدماتهم والموظفين العاملين لديهم، بالإضافة إلى حقوق الملكية الفكرية التي ينبغي عليهم الحصول عليها أو تنميتها وساعات البيع التي سيحتاجون إليها في البداية، والرقم الذي ستحصل عليه لن يكون محددا، فكل ما تحتاج إليه هو تقدير تقريبي.

وفي العمود الثالث أكتب ملاحظاتك حول مدى استعداد الشركات المنافسة لتحمل هذه التكلفة. قم بإنشاء قائمة منفصلة تضم الشركات المنافسة التي ستقدم على القيام بهذا الاستثمار (إذا كان هذا ممكنا). وفي العمود الثالث أكتب المبلغ المتوافر لديك الذي يمكن أن تستثمره إذا كانت شركتك هي التي تنوي الإقدام على هذه المنافسة (وهذا الرقم يمكن أن تحصل عليه من تحليل العملاء المحتملين).

والآن، رتب هذا القائم بأن تضع في بدايتها الحواجز الحمائية الأكثر تكلفة بالنسبة لشركتك والتي تقلل للغاية احتمالات إقدام الشركات المنافسة على اختراقها.

ولكي تكتمل الصورة عليك أن تلقي نظرة على الحواجز الحمائية لدى الشركات المنافسة والتي يستخدمونها لمنع شركتك من اجتذاب العملاء المحتلمين (أنظر إلى تحليلاتك السابقة). إن معظم البيانات التي تبحث عنها متوافرة في تحليل العملاء المحتملين الذين قمت بإجرائه من قبل، ويمكنك ببساطة أن تضع هذه البيانات في الجدول التالي من ثلاثة أعمدة.

م	الحواجز التي تحمي شركتك	تكلفة اختراق الشركات المنافسة لهذه الحواجز	احتمالات إقدام أحد المنافسين على الاستثمار في نفس نشاطك
1			
2			
3			
4			
5			

شكل رقم (22)

الحواجز التي تحمي الشركات المنافسة

وعندما تضع هذين النوعين من المعلومات جنبا إلى جنب تستطيع أن تتبين الحواجز الفعّالة التي تؤدي دورها في حماية مؤسستك والحواجز الأكثر قوة. وإذا كان عدد الحواجز التي تحمي مؤسستك محدودا فقد تكون في حاجة إلى بناء علاقات أقوى مع عملائك لكي تضمن استمرار تعاملهم مع شركتك في المستقبل.

7- تحليل دورة حياة المنتج أو الخدمة Life Cycle Analysis:

كل منتج أو خدمة له دورة حياة. فالمنتج أو الخدمة مثل الإنسان عندما يولد يكون مبشرا بالنجاح ويستهلك قدرا كبيرا من الوقت والموارد. ثم تأتي طفرة النمو في مرحلة المراهقة ويبدو وكأنه لا يقهر، ولا تنطبق عليه القواعد، ويكون هناك إحساس بأن الأوقات الجيدة سوف تدون، وتلي ذلك فترة نضج المنتج أو الخدمة وهنا يجب مراعاة الاقتصاد في التكلفة، وتبطئ سرعة النمو وتكون فترة الازدهار قد

ولت. وأخيرا تأتي فترة تدهور المنتج أو الخدمة ثم اختفائه. ولكن السلع أو الخدمات يمكن أن تولد مرة أخرى، على خلاف البشر، ويحدث ذلك في صناعة الأزياء بالذات.

وتختلف توقعات الأرباح بالنسبة للمنتجات أو الخدمات حسب المراحل المختلفة في دورة حياته، وهذا يتطلب أساليب مختلفة من الإدارة، فالمراحل الأولى تتطلب التمويل والدعم، ومراحل النمو تتطلب تخصيص أفضل العاملين وإتاحة الفرصة للتجريب والمبادرة وسنوات النضج تتطلب الانضباط، ودمج العمليات وإتباع الطرق الرسمية في اتخاذ القرارات، ومراعاة الميزانية بكل دقة والسعي نحو تحقيق الأهداف.

أما مرحلة التدهور فلابد من اكتشافها عند بدايتها، بحيث يتم سحب الموارد المخصصة بسرعة قبل أن تأتي خسائر هذه المرحلة على المكاسب التي تحققت في المراحل السابقة.

وتحديد المرحلة العمرية لمنتجاتك وخدماتك يساعدك على أن تحسب مقدرا القيمة المتبقية، وتتنبأ بما يحتمل أن يحدث بعد ذلك، وهذا التحليل يساعدك في الإجابة عن ثلاثة أسئلة هي:

- ما هي المنتجات أو الخدمات التي تنطوي على أكبر الإمكانيات المبشرة؟
- ما هي المنتجات أو الخدمات التي يجب أن تدار بطريقة مختلفة لكي تحقق المكاسب؟
- ما هي المنتجات أو الخدمات التي ينبغي إعادة النظر فيها؟

وبنفس الطريقة التي يوضح بها تحليل السوق المستقبلية ما يحدث خارج شركتك، فإن هذا التحليل يوضح لك ما يحدث للمنتجات والخدمات في الداخل.

كيف تستخدم هذا التحليل مع مجموعة؟

ارسم صورة دورة الحياة الأساسية على السبورة:

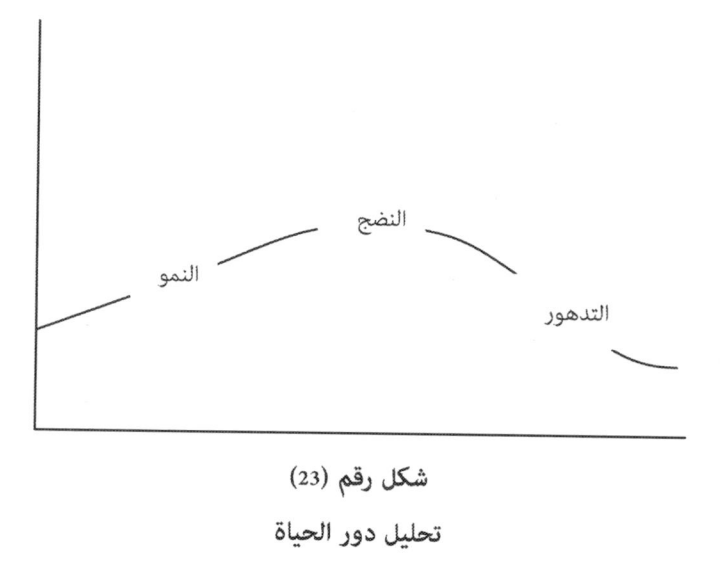

شكل رقم (23)

تحليل دور الحياة

أشرح مفهوم دورة الحياة، ووضح أنك تنظر الآن إلى المنتجات أو الخدمات، وليس إلى الأسواق أو العملاء. وإذا كان لديك عدد ضخم من المنتجات أو الخدمات ولا تستطيع تحليها كلها في الوقت الحاضر، فاختر عشرين بالمائة من أهم هذه المنتجات.

أطلب من المجموعة أن تقوم باستخلاص البيانات المطلوبة من تحليل العملاء، وتحليل الشركات المنافسة وتحليل الأداء المالي وتحليل البيانات النسبية. ويمكنك أن تستعين أيضا بتحليل السوق المستقبلية الذي انتهيت منه مؤخرا. أطلب منهم أن يعدوا قائمة بالمنتجات أو الخدمات التي تنتج حاليا والتي من المتوقع البدء في إنتاجها في المستقبل والتي ينبغي تحليل دورة حياتها في هذه الورشة.

قسّم مجموعة التنفيذيين إلى مجموعات صغيرة، وزع المنتجات أو الخدمات بالتساوي على المجموعات وأطلب من كل مجموعة أن ترسم صورة منحنى الجرس الذي يمثل دورة حياة كل منتج على ورقة وأطلب منهم أن يحددوا وضع كل منتج أو خدمة من المنتجات أو الخدمات العامة على هذا المنحنى. ومرة أخرى حدد موضع المنتجات أو الخدمات التي من المتوقع البدء في إنتاجها فيما بعد باللون الأحمر، والمنتجات الأخرى باللون الأزرق، ألصق كل هذه الرسومات واحدا تلو الآخر على الحائط.

وإذا وجدت أن لديك الكثير من المنتجات في مرحلة النضج أو التدهور فأنت في مؤسسة ربما تعتمد على مجدها القديم بدلا من محاولة ابتكار منتجات جديدة للمستقبل، وإذا وجدت أن لديك عدد قليل للغاية من المنتجات في مرحلة النضج أو التدهور، فإما أنك في شركة قوية لها سوق تزداد اتساعا يوما بعد يوم، أو أنك في شركة حديثة نسبيا وتحتاج إلى وضع القواعد والضوابط التي سوف تساعدك على خفض نفقاتك لكي تستطيع الاحتفاظ بهامش ربحك.

وقد أصبحت تعرف الآن ما هي المنتجات أو الخدمات التي ينبغي أن تقدمها لكي تحقق النجاح في المستقبل، وقد عرفت من التحليل السابق ما هي أفضل الأسواق أو أفضل العملاء الذين يمكن أن تقدم إليه منتجاتك أو خدماتك. إن بعض القرارات التي سوف تتخذها أصبحت واضحة بعض الشيء، ولكن الوقت لم يحن بعد لاتخاذها.

8- تحليل المنتجات أو الخدمات Portfolio Analysis

من المهم للغاية أن تفهم ما هي الأشياء التي تحقق لك النتائج التي تريدها في شركتك، وما هي الخسائر التي تحدث مصاحبة لها، وتحليل المنتجات أو الخدمات يساعدك على تنظيم أفكارك بحيث تستطيع أن تحقق ذلك. وهذا التحليل يُعد أداة

ذهبية في عالم الأدوات الإستراتيجية. وبالرغم من أن بعض الأكاديميين ينتظرون باستعلاء إلى هذا التحليل، إلا أنه في الحقيقية من الأساليب الرائعة لتصنيف منتجاتك أو خدماتك كما أنه يستند إلى تحليل دورة الحياة وإلى تحليل السوق المستقبلية.

ويتضمن تحليل المنتجات والخدمات تحديد مجموعة الصفات التي تنطبق أكثر من غيرها على منتج أو عميل من بين أربع مجموعات من الصفات المختلفة، وهكذا فإنك تستطيع أن تضع نتائج هذا التحليل في مربع مقسم إلى أربعة أقسام كالتالي:

1- **الأبقار التي تدر الأموال Cash Cows:** هي المنتجات أو الخدمات الجيدة التي يعتمد عليها في تحقيق الأرباح. وهذه المنتجات يتوقع أن توفر للمؤسسة الأموال التي يمكن أن تستخدم في تغطية النفقات الحالية، وتمويل الاستثمارات المستقبلية.

2- **النجوم Stars:** ليس من المنتظر أن تستثمر الأبقار التي تدر الأموال في تحقيق الأرباح إلى ما لا نهاية. ولهذا فأنت في حاجة إلى حصيلة من المنتجات الجديدة التي ستنمو وتتحول إلى أبقار تدر المال في المستقبل، وهذه المنتجات هي النجوم.

3- **الكلاب Dogs:** هي المنتجات أو الخدمات التي تستهلك وقتا وجهدا أكثر مما تستحق. وربما تكون هذه المنتجات هي الأبقار التي كانت تدر المال في الماضي ولكنها لم تعد تحقق أرباحا جيدة، أو ربما كانت في الماضي نجوما ولكنها فشلت في الوصول إلى مرحلة النضج وتحقيق الأرباح، أو ربما كانت مجرد نوع من «الهوايات» لأحد كبار المديرين.

4- **الأشياء غير المعروفة Unknown:** هذا العنوان يشير إلى المنتجات أو الخدمات التي لا يعرف أحد معلومات كافية عنها أو يفهمها بشكل جيد بحيث يمكن تصنيفها في إحدى الفئات السابقة. وهي تستهلك الوقت والموارد، وقد تدر دخلا أو لا تدر دخلا على الإطلاق.

الأبقار التي تدر المال	النجوم
الكلاب	الأشياء غير المعروفة

شكل رقم (24)

مصفوفة تحليل المنتجات والخدمات

كيف يستخدم هذا التحليل؟

صنف المنتجات أو الخدمات التي تقدمها شركتك إلى التصنيفات الأربعة التي أشرنا إليها باستخدام البيانات المتاحة. رتب المنتجات الموجودة في كل فئة، بدءا من أقربها إلى تعريف الفئة التي تندرج تحتها نزولا إلى أبعدها عن هذا التعريف.

ما الذي يظهره هذا التحليل؟

- إذا كان لديك عدد قليل جدا من الأبقار التي تدر المال فمن المحتمل أنك تعاني نقصا في السيولة، وأنت في حاجة إلى تطوير بعض النجوم وتحويلها إلى أبقار مدرة للمال في أسرع وقت.
- وإذا كان لديك عدد قليل جدا من النجوم، فمعنى ذلك أنك لم تستثمر بالقدر الكافي في المستقبل - وهذا سيعرضك لمتاعب كثيرة فيما بعد.
- وإذا كان لديك أية كلاب، فعليك أن تتخلص منها.
- أما الأشياء غير المعروفة فينبغي دراستها بشكل جيد ومتأن لتحديد الفئة التي تنتمي إليها عندما تتوافر لديك المزيد من البيانات عنها.

9- تحليل المخاطر Risk Analysis:

هناك صناعة كاملة قائمة حول تحليل المخاطر، خاصة المخاطر التأمينية والمخاطر القانونية. وتحليل المخاطر الذي تحتاج في عملية التخطيط الإستراتيجي يعتبر أكثر تواضعا من تحليل المخاطر الذي قد تتطلبه جوانب أخرى في عملك، وهو يركز على التأثيرات المحتملة للمخاطر التي يمكن أن تتعرض لها الشركة في المستقبل، فكر في الأسئلة التالية:

- ما هي أكبر المخاطر التي واجهتها مع عملائك؟
- ما هي المخاطر التي سوف تؤثر على عملياتك بدرجة خطيرة؟
- ما هي الأشياء التي يمكن أن يفعلها منافسوك وتلحق بك أكبر الضرر؟
- ما هي المخاطر التي يمكن أن تواجهها مع العاملين معك؟
- ما هي المخاطر التي يمكن أن تتعرض لها منشآتك ومعداتك؟

قم بإنشاء جدول مكون من أربعة أعمدة كالتالي، لكل نوع من أنواع المخاطر التي أشرنا إليها:

م	المخاطر	أثرها	الخسائر المتوقعة بالجنيهات	احتمال حدوثها
1				
2				
3				
4				
5				

شكل رقم (25)

تحليل المخاطر

في العمود الأول أكتب المخاطر التي تواجهها، وهذه المخاطر يجب أن تكون مخاطر محتملة الحدوث، وليست مجرد شطحات خيال من قبيل «أن يصطدم مذنب بالأرض». فهي ليست أشياء مستبعدة الحدوث فحسب (مشيئة الله)، بل إنه من الصعب أيضا التخطيط لمواجهتها، وهذه المخاطر يجب أن تكون على درجة كافية من الخطورة بحيث يمكن أن يكون لها تأثير ملحوظ على شركتك، وأن يكون حدوثها محتملا خلال العام أو العاملين القادمين.

10- تحليل السيناريوهات المحتملة Scenario Options Analysis:

إن معظم المعلومات التي جمعتها حتى الآن توضح لك ما حدث في الماضي، وأن تعرف الآن أنه كانت هناك فرصة ضائعة في السوق، كان السبب فيها هو أن مستوى أداء مؤسستك كان أقل من المستوى الأمثل، وكانت التكلفة التي ستتحملها تفوق الأرباح التي يمكن أن تجنيها.

ولكن، قبل أن تقوم بإعداد خطة للمستقبل يجب أن تضع أولا بعض الفروض والتصورات عما سيكون عليه هذا المستقبل، وأنت في حاجة إلى تقييم إلى أي مدى قد تحتاج مؤسستك لأن تتغير خلال الفترة القادمة والتي تتراوح ما بين ثلاث إلى خمس سنوات وما هو الاتجاه الذي تسير فيه، وذلك لكي تضمن أن التغيرات التي ستقوم بإدخالها سوف تدعم مسيرتك نحو أفضل مستقبل ممكن.

وهنا يأتي دور تحليل السيناريوهات المحتملة، فهو يساعدك على الإجابة عن السؤال: «ماذا يمكن أن يحدث بعد ذلك؟»، وليس هذا تدريبا على وضع تخطيط لسيناريو مستقبلي كامل - فمثل هذا السيناريو يحتاج إلى أيام عديدة من وقت كبار المديرين ويتطلب نوعيات مختلفة من التحليل. ولكن ما تقدمه هنا هو مجرد فحص عملي سريع لكي ترى إن كانت هناك مفاجآت غير سارة يمكن أن تظهر فجأة وتعوق العمل.

كيف تستخدم هذا التحليل:

ذكر أحد الحاضرين في ورشة العمل أنك سوف تناقش الحقائق، لا الافتراضات، أطلب منهم أن يقرؤوا تحليل البيئة، وتحليل العملاء، وتحليل الشركات المنافسة، وتحليل مؤشرات النجاح، والتحليل المالي، وتحليل المخاطر، وتحليل الوزن المطلق وتحليل الوزن النسبي، وإذا كنت طلبت من بعض المديرين أن يدرسوا أي موضوع بشكل جيد، فأطلب منهم أن يلخصوا ما فهموه من هذا الموضوع، وبعد أن تنتهي المجموعة من تغطية النقاط الهامة، ونتأكد من أنهم قد استوعبوا محتوى هذه التحليلات جيدا، تكون قد أصبحت جاهزا للبدء.

وهذا ليس تمرينا بسيطا يمكن الانتهاء منه بسهولة، لأن المجموعة يمكن أن تضيع الوقت في نقاشات خارجة عن الموضوع، ودورك هو أن تجعل الأسئلة محددة وواضحة وتحرص على ألا تخرج المناقشة عن الموضوع، وعليك أن تنظم أسئلتك كالتالي:

«إذا كان في إمكانكم أن تذهبوا بعقولكم إلى المستقبل إلى ثلاث سنوات أو خمس سنوات قادمة، فما مدى احتمال أن تظل مؤسستنا كما هي اليوم تماما؟» والإجابة على هذا السؤال واضحة بالطبع، فهذا السؤال يجعل كل شخص يعرف أنك تنوي إدخال بعض التغيرات على المؤسسة.

وإذا نظرتكم إلى البيانات الموجودة لديكم، فما هو أكبر تغير سوف تمرون به ويغيركم فعلا، سوف تكون هناك مجموعة متنوعة من الإجابات المختلفة، أكتب على السبورة الأنواع المختلفة من التغييرات التي يذكرها الحاضرون، ومن أمثلة هذه التغييرات، الارتفاع أو الانخفاض في السعر، تطور المنتجات أو اختفائها، التغير في العملاء أو المنافسين، التطورات السياسية أو الاجتماعية وهكذا.

بالنظر إلى عدد التغييرات التي يمكن حدوثها (أكتب عدد التغيرات التي ذكرها الحاضرون)، هذا بالإضافة إلى احتمال حدوث عدد من هذه التغييرات معا في آن

واحد، ما هي التغييرات التي يحتمل حدوثها أكثر من غيرها. أكتب قائمة بالتغييرات التي تريد احتمالات حدوثها عم غيرها. وإذا كان عددها يزيد على ستة، فأطلب من المجموعة ترتيبها بحيث تستطيع أن تتعرف على التغييرات الستة المحتملة الحدوث أكثر من غيرها. كون ست مجموعات صغيرة وأعط لكل مجموعة خيارا، أطلب من كل مجموعة أن تعد قائمة بما يلي:

1- التغيرات التي سوف تحدث.

2- الخطوات التي ينبغي على المؤسسة اتخاذها تفاعلا مع هذه المتغيرات.

3- ما ستصبح عليه المؤسسة في حالة اتخاذ هذه الخطوات.

أطلب من الفريق أن يبتكر عنوانا معبرا لوصف السيناريو، أطلب من الفريق أيضا أن يسجل العلامات التحذيرية المبكرة التي تنبهك إلى أن هذه الأشياء المحتملة الحدوث في المستقبل قد بدأت تحدث بالفعل، سجل هذه العلامات على ملصقات ورقية يمكن قلبها ثم ثبتها على الحائط، وأطلب من المجموعات كلها أن تجتمع مرة أخرى.

ثم قل أمامكم هنا الأحداث المستقبلية المحتملة الحدوث أكثر من غيرها. هل هناك أي دليل يشير إلى أن هناك واحدا أو أكثر منها قد بدأ يتحقق بالفعل. وإذا كان هذا ما يحدث بالفعل، فاكتب المؤشرات التي تنبئ بحدوث ذلك تحت عنوان «الإنذارات المبكرة». ومن المحتمل أن يكون هناك سيناريو أو اثنين من السيناريوهات المستقبلية المحتملة بهما علامات إنذار مبكرة.

والآن أصبحت لديك مجموعة من النقاط المرجعية التي تستطيع أن تستخدمها لاختيار القرارات التي سوف تتخذها خلال ورشة العمل.

وهذا اختيار جيد يصلح كبداية، لأنه يجعل الجميع يفكرون في المستقبل، ويعدهم لتقبل فكرة أنهم بصدد اتخاذ قرارات سوف يكون لها أثر كبير على المؤسسة، كما أنه يدفعهم أيضا لقراءة المعلومات التي قمت بإعدادها والتفكير فيها والتعامل معها.

الفصل الثاني عشر
Strategic Management

أشتمل هذا الفصل على:

📖 Preface:

📖 Strategic Management.

📖 Stages of Strategic Management.

📖 The Basic Elements of the StrategicManagement Process.

📖 Characteristics of Strategic Management Process.

الفصل الثاني عشر

Strategic Management

Preface:

To understand strategic planning, one must know something about strategic management. Because strategic planning is one of the strategic management's phases and one basic element in the strategic management process.

This chapter should therefore be regarded as a key, explaining succinctly the important aspects of strategic planning.

It also describes the major elements in strategic planning. Its definition, importance and stages are presented.

1- Strategic Management

1- T. Wheelen and D. Hunger define strategic management as a set of managerial decisions and actions that determines the long-run performance of a corporation.

The study of strategic management emphasizes the monitoring and evaluating of external opportunities and threats in light of a corporation's strengths and weaknesses.

2- Also, F. David defines strategic management as an art and science of formulating, implementing, and evaluating cross- functional. decisions that enable an organization to achieve its objectives.

As this definition implies, strategic management focuses on integrating management, marketing, finance accounting, production operations, research and development, and computer information system to achieve organizational success.

3- Strategic management, as a field of study, incorporates the integrative concerns of business policy with a heavier environmental and strategic emphasis.

The concept of strategic management consists of two terms. We have defined the concept of management. Now, we will define the term of strategy.

a- C. Gable mentions that the term strategy has been borrowed from the military. The etymological root of strategy is a Greek word" "Strategos", that means general, or someone that commands a stratos, or army.

He defines strategy as a general concept that governs a series of

specific actions or provides clear and imaginative guidance for the effective use of available resources in order to reach a specific goal.

b-   The Oxford dictionary sees strategy as a plan or policy to achieve something.

c-   R. Appleby defines strategies as broad programmes of activity to achieve organization objectives.

d-   T. Wheelen & D. Hunger say that the strategy of a corporation forms a comprehensive master plan stating how the corporation will achieve its mission and objectives.

STRATEGIC MANAGEMENT PRINCIPLE

Strategy making is not

a proper task for

strategic planners

Figure (1)

Critical Benefits of Strategic Management

1- Take control of your destiny by establishing a lean, effective strategy process that fits your business.

2- Reach and stretch for higher levels of attainment.

3- Achieve faster growth and higher profits.

4- Sharply focus your resources on things that are critical.

5- Deal with the rapidly changing developments that will confront your business in the new millennium.

6- Translate the company vision into personal involvement for key employees.

7- Provide common understanding and coordination of effort.

8- Build motivation, enthusiasm and commitment.

9- Accomplish this without interfering with the conduct of your business.

2- Stages of Strategic Management

As managers attempt to better deal with their changing world, a firm generally evolves through the following four stages or phases of strategic management:

Phase 1 : Basic Financial planning.

Phase 2 : Forecast - based planning.

Phase 3 : Externally oriented planning (strategic planning).

Phase 4: Strategic management.

As we can see that strategic planning is the third phase in strategic management's phases.

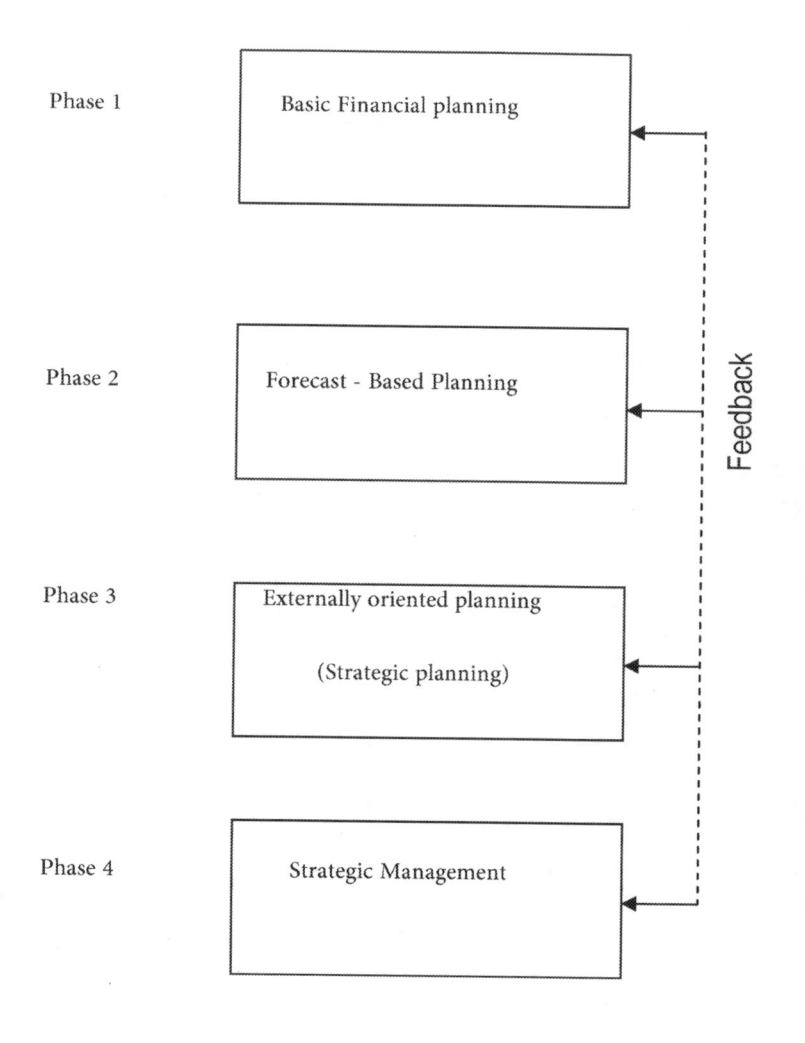

Figure (2)

Phases of Strategic Management

F. David puts three stages for the strategic management process as following:

1- Strategy formulation (Strategic planning).

2- Strategy implementation.

3- Strategy evaluation.

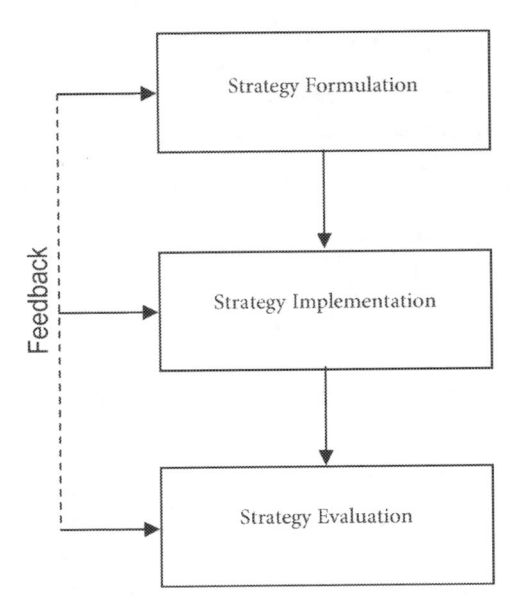

Figure (3)

Stages of the Strategic Management Process

3- The Basic Elements of the Strategic Management Process

T. Wheelen and D. Hunger determine four basic elements of strategic management as following:

1-   Environmental Scanning.

2-   Strategy Formulation (Strategic Planning).

3-   Strategy Implementation.

4-   Evaluation and Control.

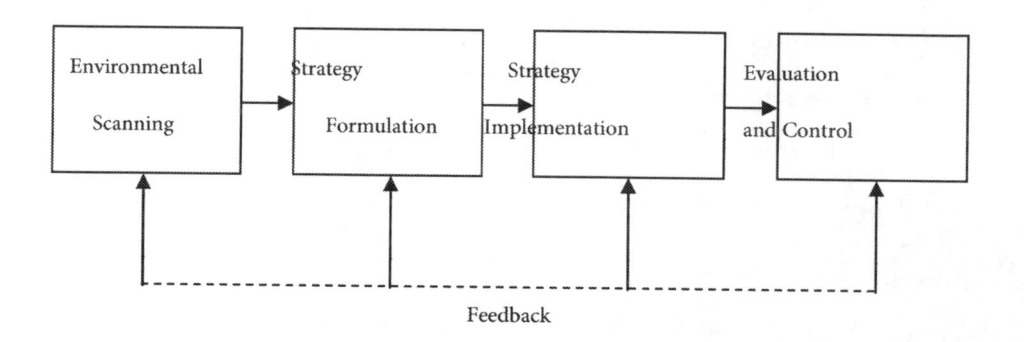

Figure (4)

Basic Elements of the Strategic Management Process

As illustrated strategic formulation (Strategic Planning) is one of the basic elements in the strategic management process.

4- Characteristics of Strategic Management Process

- Need to perform tasks never goes away because changes occur regularly.

- Boundaries among tasks are blurry.

- Doing the tasks is not isolated from other managerial activities.

- Time required to do tasks comes in lumps & spurts.

- Pushing to get best strategy-supportive performance from each employee perfecting current strategy, & improving strategy execution.

Getting Ready:

To get ready for strategic planning, an organization must first assess if it is ready. While a number of issues must be addressed in assessing readiness, the determination essentially comes down to whether an organization leaders are truly committed to the effort, and whether they are able to devote the necessary attention to the "bi picture".

For example, if a funding crisis looms, the founder is about to depart, or the environment is turbulent, then it does not make sense to take time out for strategic planning effort at that time.

An organization that determines it is indeed ready to begin strategic planning must perform five tasks to pave the way for an organized process:

- Identify specific issues or choices that the planning process should address.

- Clarify roles (who does what in the process).

- Create a planning committee.

- Develop an organizational profile.

- Identify the information that must be collected to help make sound decisions.

The product developed at the end is a Workplan.

الفصل الثالث عشر
Strategic Planning

أشتمل هذا الفصل على:

📖 Strategic Planning: Definition.

📖 Problems of Strategic Planning.

📖 Steps of Strategic Planning.

1- Defining the corporate vision and mission.

2- Specifying achievable Aims and objectives.

3- Developing strategies.

4- Setting policy guidelines.

الفصل الثالث عشر

Strategic Planning

1- Strategic Planning: Definition

Overview:

Strategic planning is a management tool, period. As with any management tool, it is used for one purpose only: to help an organization do a better job- to focus its energy, to ensure that members of the organization are working toward the same goals, to assess and adjust the organizations direction in response to a changing environment. In short, strategic planning is a disciplined effort to produce fundamental decisions and actions that shape and guide what an organization is, what it does, and why it does it, with a focus on the future. (Adapted from Bryson's Strategic Planning in Public and Nonprofit Organizations).

A word by word dissection of this definition provides the key elements that Underlie the meaning and success of a strategic planning process: The process is strategic because it involves preparing the best way to respond

to the circumstances of the organization's environment, whether or not its circumstances are known in advance; nonprofits often must respond to dynamic and even hostile environments. Being strategic, then, means being clear about the organization's objectives, being aware of the Organization's resources, and incorporating both into being consciously responsive to a dynamic environment.

The process is about planning because it involves intentionally setting goals (i.e., choosing a desired future) and developing an approach to achieving those goals.

The process is disciplined in that it calls for a certain order and pattern to keep it focused and productive. The process raises a sequence of questions that helps planners examine experience, test assumptions; gather and incorporate information about the present, and anticipate the environment in which the organization will be working in the future. Finally, the process is about fundamental decisions and actions because choices must be made in order to answer the sequence of questions mentioned above.

The plan is ultimately no more, and no less, than a set of decisions about what to do, why to do it, and how to do it. Because it is impossible to do everything that needs to be done In this world, strategic planning implies that some organizational decisions and actions are more important than

others - and that much of the strategy lies in making the tough decisions about what is most important to achieving organizational success.

The strategic planning can be complex, challenging, and even messy, but it is always defined by the basic ideas outlined above-and you can always return to these basics for insight into your own strategic planning process.

In simple words, strategic planning is the long term planning, its time horizon is usually five years or more. The top management takes control of it.

R. Appleby distinguishes between strategic and tactical planning as following.

Strategic Planning: involves deciding upon the major goals of an organization and what policies will be used to achieve them. It involves a longer time period and relies on more unreliable long - term forecasts and occurs at more senior levels in an organization (e.g. political and technological changes).

While tactical planning involves deciding upon how resources will be used to help the organization achieve its strategic goals. It relies more on past records and involves shorter time periods. T. Wheelen and D. Hunger see strategic planning as an externally oriented planning and strategy formulation for an organization.

They add that when a company seeks to increase its responsiveness to changing markets and competition it should think strategically.

Planning is taken out of the hands of lower level managers and concentrated

in a planning staff whose task is to develop strategic plans for the corporation. Consultants often provide the sophisticated and innovative techniques that the planning staff uses to gather information and forecast future trends.

Top management typically develops five - year plans with help from consultants but minimal input from lower levels.

F. David sees that strategy formulation (strategic planning) includes developing a business mission, identifying an organization's external opportunities and threats, determining internal strengths and weaknesses, establishing long-term objectives, generating alternative strategies, and choosing particular strategies to pursue.

Strategy- formulation issues include deciding what new businesses to enter, what businesses to abandon, how to allocate resources, whether to expand operations or diversify, whether to enter international markets, whether to merge or form a joint venture, and how to avoid a hostile takeover.

Since no organization has unlimited resources, strategists must decide which alternative strategies will benefit the firm most. Strategy-formulation decisions commit an Organization to specific products, markets, resources, and technologies over an extended period of time.

Strategies determine long-term competitive advantages. For better or worse, strategic decisions have enduring effects on an organization and

major multi functional consequence. Top managers have the best perspective to fully understand the ramifications of formulation decisions; they have the authority to commit the resources necessary for implementation.

Strategic Planning and Long - Range Planning

Although many use these terms interchangeably, strategic planning and long-range planning differ in their emphasis on the "assumed" environment. Long-range planning is generally considered to mean the development of a plan for accomplishing a goal or set of goals over a period of several years, with the assumption that current knowledge about future conditions is sufficiently reliable to ensure the Plan's reliability over the duration of its implementation. In the late fifties and early sixties, for example, the US. economy was relatively stable and somewhat predictable, and, therefore, long-range planning was both fashionable and useful.

On the other hand, strategic planning assumes that an organization must be responsive to a dynamic, changing environment (not the more stable environment assumed for long-range planning). Certainly a common assumption has emerged in the nonprofit sector that the environment is indeed changeable, often in unpredictable ways.

Strategic planning, then, stresses the importance of making decisions that will ensure the organization's ability to successfully respond to changes in the environment.

Strategic Thinking and Strategic Management

Strategic planning is only useful if it supports strategic thinking and leads to strategic management - the basis for an effective organization. Strategic thinking means asking, "Are we doing the right thing?" Perhaps, more precisely, it means making that assessment using three key requirements about strategic thinking: a definite purpose be in mind; an understanding of the environment, particularly of the forces that affect or impede the fulfillment of that purpose; and creativity in developing effective responses to those forces.

It follows, then, that strategic management is the application of strategic thinking to the job of leading an organization. Dr. Jagdish Sheth, a respected authority on marketing and strategic planning, provides the following framework for understanding strategic management: continually asking the question, "Are we doing the right thing?" It entails attention to the "big picture" and the willingness to adapt to changing circumstances, and consists of the following three elements:

● formulation of the organization's future mission in light of changing external factors such as regulation, competition, technology, and customers.

● development of a competitive strategy to achieve the mission.

● creation of an organizational structure which will deploy resources to successfully carry out its competitive strategy.

Strategic management is adaptive and keeps an organization relevant. In these dynamic times it is more likely to succeed than the traditional approach of "if it ain't broke, don't fix it."

What Strategic Planning Is Not?

Everything said above to describe wltat strategic planning is can also provide an understanding of what it is not. For example, It is about fundamental decisions and actions, but it does not attempt to make future decisions (Steiner, 1979). Strategic planning involves anticipating the future environment, but the decisions are made in the present. This means that over time, the organization must stay abreast of changes in order to make the best decisions it can at any given point - it must manage, as well as plan, strategically.

Strategic planning has also been described as a tool- but it is not a substitute for the exercise of judgment by leadership. Ultimately, the leaders of any enterprise need to sit back and ask, and answer, "What are the most important issues to respond to?" and "How shall we respond?" Just as the hammer does not create the bookshelf, so the data analysis and decision-making tools of strategic planning do not make the organization work they can only support the intuition, reasoning skills, and judgment that people bring to their organization.

Finally, strategic planning, though described as disciplined, does not typically

flow smoothly from one step to the next. It Is a creative process, and the fresh insight arrived at today might very well alter the decision made yesterday. Inevitably the process moves forward and back several times before arriving at the final set of decisions. Therefore, no one should b, surprised if the process feels less like a comfortable trip on a commuter train, but rather like a ride on a roller coaster. But even roller coaster cars arrive at their destination, as long as they stay on track.

The essence of strategic planning is to help a company develop and sustain advantage in the marketplace through unique agility, superior products and/or superior service. Strategic planning is "strategic" because it requires an understanding of how the external environment impacts a firm's ability to create value. What are our competitors doing? Are consumer tastes changing? What businesses should we be in? How do the various parts of our company fit together? Strategic planning is "planning" because it recognizes that decisions made today will produce important results at a later date.

"You may not be interested in strategy, but strategy is interested in you." Leaon Trotsky .

WHAT IS A STRATEGIC PLAN?

A Strategic Plan maps out

- Where firm is headed.
- Short and long range performance targets.

- Actions of management to achieve.

- Outcomes.

A Strategic Plan consists of :

- A strategic vision & business mission.

- Strategic & financial performance objectives.

- Comprehensive strategy for achieving the objectives.

2- Problems of Strategic Planning

There are many problems which face the process of putting and implementing strategic planning. The following are some of these problems:

1- Time Span:

The greater the time span, the greater the number of mistakes. Present conditions are usually dominant in the planner's mind when he initiates a plan and these may be overstressed.

For example, a new building for a computer based upon present ideas (i.e. for use by the finance function only) may be found to be too small; if, in fact, all functions make use of the computer, a larger computer building may be needed. A good illustration of the effect of time on planning can be seen by comparing long-and short-term weather forecasts.

2- Unforeseen Events and Lack of Communication:

Many events obviously unforeseen, but planning can be aided by techniques giving suggested probabilities of events taking place. Wider consultation with workers is needed, to enable them to understand the nature of obstacles and the reason why management is taking a certain course of action to overcome them.

3- Lack of Information:

Knowledge is power, information is very important for planning. Planners meet problems in gaining information or the information never reaches them; the planning task isn't an easy one. If the information we have in the present is not enough or not real, and a plan constructed on these basis its never going to meet the needs.

4- Size of Organization:

A dispersment of departments in a large organization is a major problem especially if managers can't meet or agree on common ideas. Departments can hardly define the mission or objectives of the organization as a result every one is going in a separate direction. The information collected for planning is dispersed and far apart and never meets as a result planning becomes almost impossible.

5- Political Changes:

Political changes are very hard to predict and can never be on a solid basis. Politics can greatly affect the long term planning of one firm because government regulations in turn are greatly influenced as a result. One plan can be layed down for some years ahead but its application can become impossible due to any slight political circumstance this as a result leads to a crises, where the plan needs new adjusting. As a result the long range plan always needs attending to prevent problems acquiring inside firms.

6- Technological Changes:

Technology every second is in a constant change, every minute something new appears, very complicated microchips that change the whole world upside down. A firm needs to put into consideration those changes and constantly innovate its strategic planning to prevent catastrophes in its departments. Working with technology can make things a lot easier and save money, effort and time. What is only needed is constant awareness of the surrounding technological advances to make planning affective.

3- Steps of Strategic Planning:

F. David identifies six steps for strategic planning as shown in next figure.

C. Gable identifies five steps for strategic planning as following:

A Comprehensive Strategic Management Model

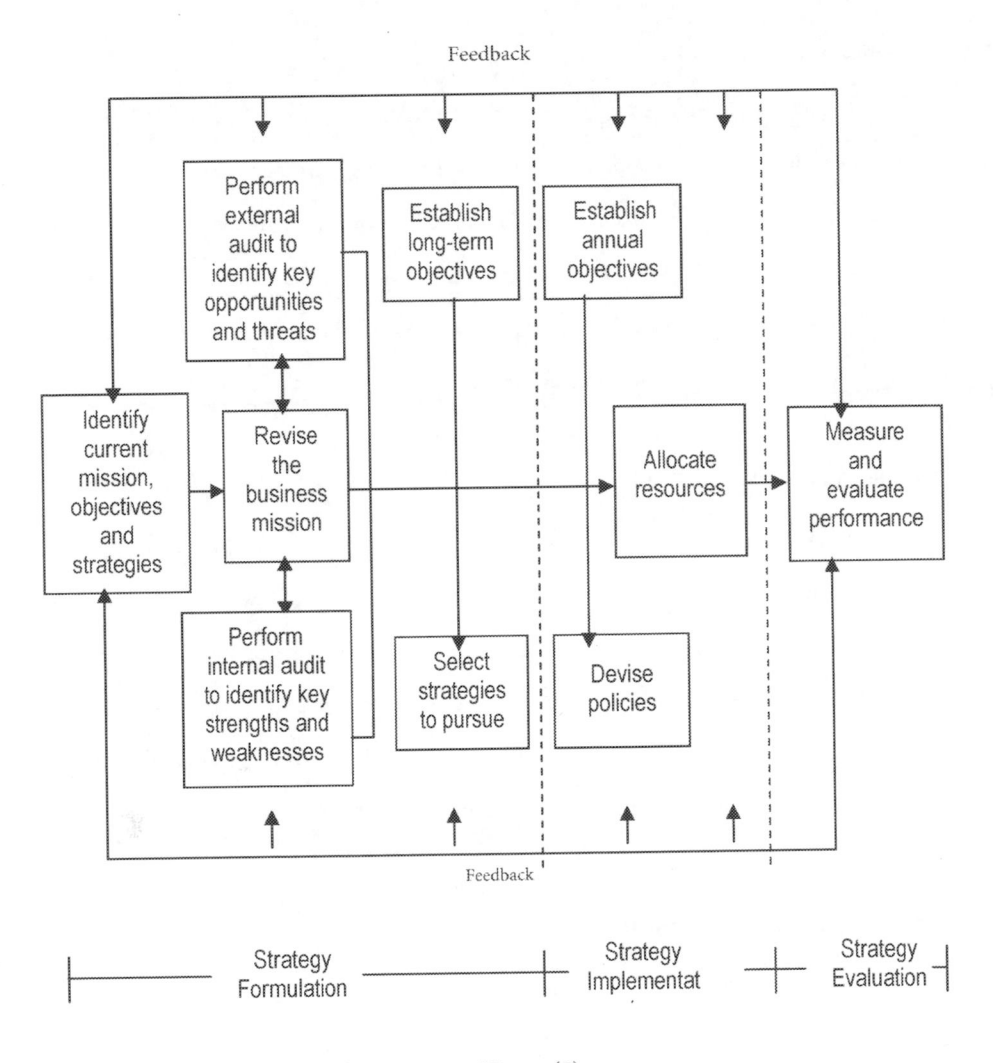

Figure (5)

A Comprehensive Strategic Management Model

1-   Seeing the challenges

2-   Sorting the challenges

3-   Setting the goals

4-   Devising strategic action

5-   Monitoring and measurements.

The main point in the first and second steps is doing the situational analysis through seeing and sorting the challenges. C. Gable sees the situational analysis as a tool to identify:

1-   Strengths.

2-   Weaknesses.

3-   Opportunities.

4-   Threats.

T. Wheelen and D. Hunger see that the strategic planning process includes four steps as following:

1-   Defining the corporate vision and mission.

2-   Specifying achievable aims and objectives.

3-   Developing strategies.

4-   Setting policy guidelines.

The following is a brief description for these steps:

1- Defining the corporate vision and mission:

Articulating Vision and Mission:

A Vision:

Vision statement: a sentence or two describing a company's long-range aims, such as achieving dominant market share or attaining a reputation for world-class quality.

The vision is a desired future state - aspiration of the organisation.

A strategic vision widely shared among all employees functions similar to how a magnet aligns iron filings.

When all employees are committed to firms long-term direction, optimum choices on business decisions are more likely. Individuals & teams know intent of firms strategic vision. Dally execution of strategy is improved.

SPECIFIC QUESTIONS THAT HELP FORM STRATEGIC VISION:

● What business are we in now?

● What business do we want to be in?

● What will our customers want in future?

● What are expectations of our stakeholders?

● Who will be our future competitors? Suppliers? Partners?

- What should our competitive scope be ?

- Wow will technology impact our industry?

- What environmental scenarios are possible?

A-mission statement is like an introductory paragraph: it lets the reader know where the writer is going, and it also shows that the writer knows where he or she is going. Likewise, a mission statement must communicates the essence of an organization to the reader. An organization's ability to articulates its mission indicates its focus and purposefulness. A mission statement typically describes an organization in terms of its:

- Purpose-why the organization exists, and what it seeks to accomplish.

- Business - the main method or activity through which the organization tries it fulfill this purpose.

- Values- the principles or beliefs that guides an organization's members as they pursue the organization's purpose.

Whereas the mission statement summarizes the what, how, and why of an organization work, a vision statement presents an image of what success will look like. For example, the mission statement of the support centers of America is as follows:

The mission of the Support Centers of America is to increase the effectiveness of the nonprofit sector by providing management consulting, training and

research. Our guiding principles are: promote client independence, expand cultural proficiency, collaborate with others, ensure our own competence, act as one organization.

We envision an over increasing global movement to restore and revitalize the quality of life in local communities. The Support Centers of America will be a recognized contributor and leader in that movement.

With mission and vision statements in hand, an organization has taken an important stop towards creating a shared, coherent idea of what it is strategically planning for.

At the end, a draft mission statement and a draft Vision statement is developed.

P. Drucker confirms that it is important to decide what is the mission of a business. This is usually a very difficult decision, but so essential, as it makes it much easier to state clear and realistic objectives, strategies and Plans.

An organization's mission is the purpose or reason for the organization's existence. It tells what the company is providing to society-ether a service like house cleaning or a product like automobiles.

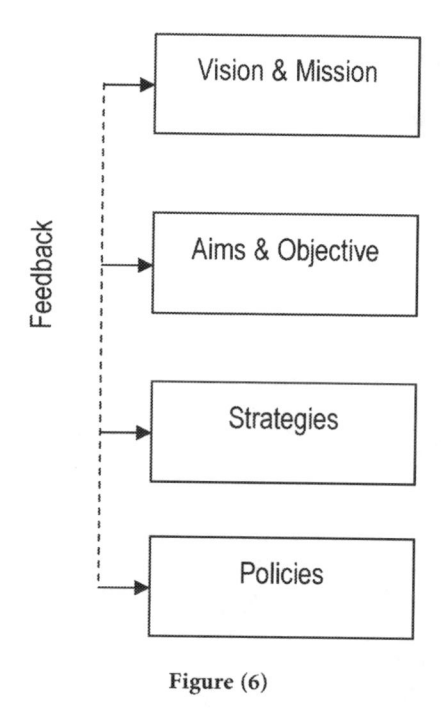

Figure (6)

The Strategic Planning Steps

A well - conceived mission statement defines the fundamental, unique purpose that sets a company apart from other firms of its type and identifies the scope of the company's operations in terms of products (including services) offered and markets served.

It may also include the firm's philosophy about how it does business and

treats its employees. It puts into words not only what the company is now, but what it wants to become management's strategic vision of the firm's future.

The mission statement promotes a sense of shared expectations in employees and communicates a public image to important stakeholder groups in the company's task environment.

An organization's MISSION:

- Reflects management's vision of what firm seeks to do & become.

- Provides clear view of what firm is trying to accomplish for its customers.

- Indicates intent to stake out a particular business position.

WHY BOTHER TO DEFINE "WHO," "WHAT," & "WHERE"?

Helps managers avoid trap of ;

- Trying to move in too many directions.

- Being so confused about firm's direction that effective actions are NOT taken move in ANY direction. To successfully chart firm's future managers must.

- Know where firm is now.

- Have view of where it ought to be headed.

- Recognize time to shift to a new direction.

Once an organization has committed to why it exists and what it does, it must take a clear-eyed look at its current situation. Remember, that part of strategic planning, thinking, and management is an awareness of resources and an eye to the future environment; so that an organization can successfully respond to changes in the environment. Situation assessment, therefore, means obtaining current information about the organization strengths, weaknesses, and performance information that will highlight the critical issues that the organization faces and that its strategic plan must address.

These could include a variety of primary concerns, such as funding Issues, new program opportunities, changing regulations or changing needs in the client population, and so on. The point is to choose the most important issues to address. The Planning Committee should agree on no more than five to ten critical issues around which to organize the strategic plan.

The products include: a data base of quality information that can be used to make decision; and a list of critical issues which demand a response from the organization - the most important issues the organization needs to deal with.

2- Specifying achievable aims and objectives:

Once an organizations mission has been affirmed and its critical issues identified, it is time to figure out what to do about them: the broad approaches to be taken (strategies), and the general and specific results to be sought

(the goals and objectives). Strategic, goals, and objectives may come from individual inspiration, group discussion, formal decision-making techniques, and so on-but the bottom line is that, in the end, the leadership agrees on how to address the critical issues.

This can take considerable time and flexibility: discussions at this stage frequently will require additional information or a reevaluation of conclusions reached during the situation assessment. It is even possible that new insights will emerge which change the thrust of the mission statement. It is important that planners are not afraid to go back to an earlier step in the process and take advantage of available information to create the best possible plan.

The product is an outline of the organization's strategic directions-the general strategies, long-range goals, and specific objectives of its response to critical issues.

Objectives are those ends that must be achieved in order to carry out a mission.

In other words, objectives are the end results of planned activity.

They state:

1-   What is to accomplished?

2-   By whom?

3-   Should be quantified if possible?

The achievement of corporate objectives should result in the fulfillment of a corporation's mission.

The term " goal " is often used interchangeably with the term "objective".

In this research, we prefer to differentiate the two terms. In contrast to an objective, a goal is an open-ended statement of what one wants to accomplish with no quantification of what is to be achieved and no time criteria for completion.

C. Gable states the following characteristics for an effective goal or objective:

- Relevant.
- Agreed to.
- Understandable.
- Reachable.
- Quantitable.
- Assignable.
- Visible.
- Flexible.
- Inspirational.

Purpose of Setting Objectives Is to:
- Convert mission into performance targets.
- Create yardsticks to track performance targets.
- Create yardsticks to track performance.

- Establish performance goals requiring stretch.

- Push the firm to be inventive, intentional, focused Setting CHALLENGING but ACHIEVABLE objective guards against.

- Complacency.

- Drift.

- Internal confusion.

- Status quo performance.

EXAMPLES OF TYPES OF OBJECTIVES

Financial Objective's

- Increase earnings growth from 10 to 15% per year.

- Boost return on equity investment from 15 to 20%.

- achieve & maintain a AA bond rating.

Strategic Objectives

- Up firm's market share from 18 to 22%.

- Overtake rivals on quality or customer service.

- Attain lower overall costs than rivals.

- Become leader in new product introductions.

- Achieve technological superiority.

3- Developing Strategies:

Strategies are broad programs of activity to achieve organization objectives. They are a guide as to how resources are to be deployed to achieve the objectives.

In other words, a strategy of a corporation forms a comprehensive master plan stating how the corporation will achieve its mission and objectives.

It maximizes competitive advantage and minimizes competitive disadvantage.

Examples: Strategic & Financial Corporate Objectives

EXAMPLES: STRATEGIC & FINANCIAL

CORPORTE OBJECTIVES

EXXON

Provide shareholders a secure investment with a superior return.

ALCAN ALUMINIUM

To be the lowest cost producer of aluminum & to outperform the average return on equity of the Standard and Poor's industrial stock index.

Figure (7)

WHY THE REASON A FIRM'S STRATEGY IS CONSTANTLY EVOLVING:

Because firms often need to react to

- Changing market conditions.

- Moves of competitors.

- New technologies & production capabilities.

- Evolving customer needs & preferences.

- Political & regulatory changes.

- New windows of opportunity.

- Fresh ideas to improve current strategy.

- A crisis situation.

A FIRM'S STRATEGY CONSIST OF :
• How to satisfy customers.
• How to grow the business.
• How to respond to changing industry & market conditions.
• How to best' capitalize on new opportunities.
• How to manage each functional piece of business.
• How to achieve strategic & financial objectives.

Figure (8)

GOOD MANAGEMENT OF STRATEGY MATTERS BECAUSE :-

● Powerful execution of a powerful strategy is a proven recipe for success.

● Crafting & implementing strategy are CORE management functions.

● To quality as WELL -MANAGED, a firm should

  - Have an attractive strategy.

  - Demonstrate proficiency in executing strategy.

● A good strategy is strong enough to overpower rivals & flexible enough to overcome obstacles.

● Without proficient strategy execution, firm cannot achieve peak performance.

T. Wheelen and D. Hunger explain that the typical business firm usually considers three types of strategy : corporate; business, and functional:

a - Corporate Strategy:

corporate strategy describes a company's overall direction In terms of its · general attitude toward growth and the management of its various businesses and product lines.

Corporate strategies typically fit within the three main categories of: stability, growth, and retrenchment.

b- Business Strategy:

Business strategy usually occurs at the business unit or product level, and

it emphasizes improvement of the competitive position of a corporation's products or services in the specific industry or market segment served by that business unit. Business strategies may fit within the two overall categories of competitive or cooperative strategies.

c - Functional strategy:

Functional strategy is the approach taken by a functional area to achieve. corporate and business unit objectives and strategies by maximizing resource productivity. It is concerned with developing and nurturing a distinctive competence to provide a company or business unit with a competitive advantage.

Business firms use all three types of strategy simultaneously. A hierarchy of strategy is the grouping of strategy types by level in the organization. This hierarchy of strategy is a nesting of one strategy within another so that they complement and support one another (see next figure). Functional strategies support business strategies which, in turn, support the corporate strategy (ies).

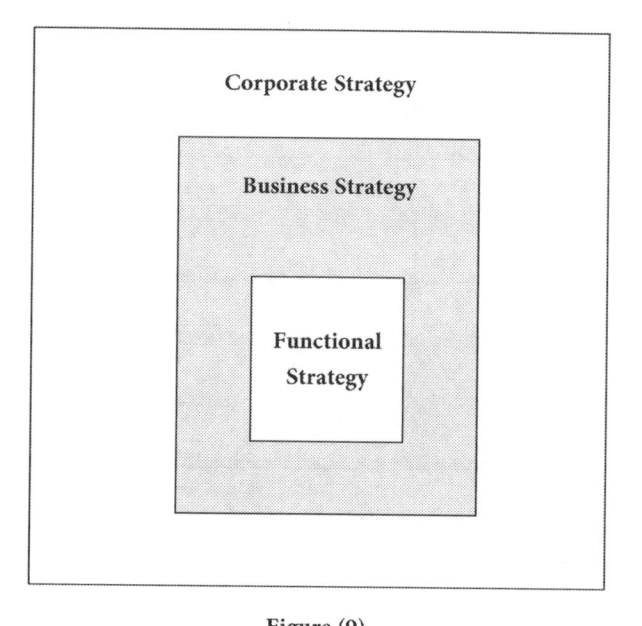

Figure (9)

Hierarchy of strategy

4- Setting Policy Guidelines:

R. Appleby defines policy as a guide to the action or decisions of people.

Similarly, T. Wheelen and D. Hunger see policy as a broad guideline for decision making that links the formulation of strategy with its implementation.

Policies are directives issued from a high authority, and provide a continuous framework for the conduct of individuals in a business - they are in effect a type of planning.

Companies use polices to make sure that employees throughout the firm make decisions and take actions that support the corporation's mission, objectives, and strategies.

In other words, policies are expressions of a company's official attitude towards types of behaviour within which it will permit, or desire, employees to act.

They express the means by which the company's agreed objectives are to be achieved and usually take the form of statements, telling members how they should act in specific circumstances.

Polices reflect management thinking on basic matters and inform those interested in the activities of the company about the company's intentions regarding them.

Examples of Policy:

A brief indication will be given now on some of the major types of policies.

● Product policy involves deciding upon the products to make and depends upon many factors, particularly upon market conditions. Such a policy in turn generates other policies, e.g. marketing, finance and research.

● Production policy deals with, for example: what proportions of plant should be devoted to flow or job or batch production? What items to make or to buy? What use should be made of by-products?

- Market policy involves determining distribution channels, pricing structure of products, volume and type of advertising, credit policy, method of subdividing territory and remuneration of salesmen.

- Purchasing policy involves what organizations buy and to what extent, and what are the alternative sources of supply.

- Human resources policy involves methods of training, education, pension schemes, incentive plans, management succession and development, benefits, union relations.

All other functions need polices, but the above will serve to indicate the necessity for clear-cut policies in all sections of an enterprise.

Rules and procedures are often confused with policies.

Rules are more specific than policies and they usually entail penalties for misuse. A policy establishes a guiding framework for rules. Policies are broader than rules and are usually stated in more general language.

Finally, the mission has been articulated, the critical issues identified, and the goals and strategies agreed upon. This step essentially involves putting all that down on paper. Usually one member of the planning Committee, the executive director, or even a planning consultant will draft a final planning document and submit it for review to all key decision makers (usually the board and senior staff). This is also the time to consult with senior staff to

determine whether the document can be translated into operating plans (the subsequent detailed action plans for accomplishing the goals proposed by the strategic plan) and to ensure that the plan answers key questions about priorities and directions in sufficient detail to serve as guide. Revisions should not be dragged out for months, but action should be taken to answer any important questions that are raised at this stop. It would certainly by mistake to bury conflict at this step just to wrap up to process more quickly, because the conflict, if serious, will inevitably undermine the potency of the strategic directions chosen by the planning committee.

The product is a strategic plan !

الفصل الرابع عشر
Strategic Planner

أشتمل هذا الفصل على:

- Role of Strategic Planners.

- Why use a Strategic Planning Facilitator?

- PEST Analysis

- SWOT Analysis.

- Application the SWOT Model on Helwan University - Egypt.

الفصل الرابع عشر

Strategic Planner

Strategic Planner

The strategic planner's role consists of helping the organization to gather, analyze, and organize information. They track industry and competitive trends, develop forecasting models and scenario analysis, examine strategic performance, spot emerging market opportunities, identify business threats, look for novel strategic solutions, and develop creative action plans. Strategic planners usually serve in a support or staff role. Various jobs in this function include: product development, product managers, change agent, transformation agent, vice president of corporate planning.

ROLE OF STRATEGIC PLANNERS

- COLLECT INFORMATION needed by strategy managers.
- Conduct BACKGROUND ANAL YSES as needed.
- Establish & administer an annul strategy review cycle.
- COORDINATE review & approval process of strategic plans.
- ASSIST all mangers to focus on strategic issues.

Warning

Planners should NOT make strategic decisions or do strategic thinking for line managers.

WHY PLANNERS SHOULD NOT BE STRATEGY MAKERS

- Planners know less about situation, placing them in weaker position than line managers to devise workable action plan.

- Separates responsibility & accountability for strategy-making from implementing.

A. MAJOR PLAN!

- Allows managers to toss decision to planners & avoid doing own strategic thinking .

- Implementers have no "buy in" to strategy.

Strategic Manager

Strategic managers have lead roles in the strategy planning and strategy implementation activities of an organization. They are usually found in higher levels of management where they have greater authority and can make strategic decisions for the firm. The CEO is the most visible and critical strategic manager. Any manager who has responsibility for a unit or division, responsibility for profit and loss outcomes, and direct authority over a major piece of the business is a strategic manager. Jobs include: vice president,

director, general manager, division head, CEO, member of the board of directors.

Management Consultant

Consultants are analysts and advisors of business. They are problem solvers, they bridge gaps in expertise for companies, and they are brought in for independent expertise and opinions. Jobs include: analyst, researcher, junior consultant, junior associate, associate, team leader, senior consultant, consulting manager, junior partner, senior partner.

Strategic Cost Analyst

A strategic cost analyst determines the costs of business activities within organizations. Will use tools like activity-based costing and break-even analysis to determine the true opportunity cost of resources devoted to various corporate activities. Plays an important role in determining which business units to retain and grow. Involved in the budgeting process. People in this position often find their job difficult to describe to outsiders, but it's essential. If your company know how much you're spending on what, you won't be around for long.

Transformation Agent

Companies like Cigna are increasingly looking to become more flexible and implement needed change. Bring in the transformation officer whose job is to work closely with teams of people who control change in the firm. Your

job is to help create the incentives and understanding required to grow and change. An emerging job area. Calls for a dynamic, humanistic person with a cool background.

Required Skills in Strategic Planning

Different skills arc required by strategic planners, managers, and consultants depending upon the role they are asked to play in an organization. Strategic planners are internal advisors while strategic consultants are external advisors. As advisors their roles are fairly unique relative to other managerial career. Strategic managers have more authority to make and execute strategic decisions.

Strategic Planner

Must be comfortable with numbers, but not obsessed with them, creative, good synthesis and integration skills, excellent communication skills, excellent political savvy, able to dialogue with people from all ranks in the organization.

Strategic Manager

Excellent leadership skills, ability to see the big picture, a visionary, ability to see how the parts relate to each other and the big picture, ability to sell the vision.

Strategic Consultant

Positive self-image, excellent communication skills--especially presentation

skills, ability to work in teams, strong professional interests, independent, and self-motivated, enjoy variety and new challenges, ability to stick with a problem until it is solved, good analysis skills, strong computer skills, willingness to travel and humility.

Comments

Daily Variety

Over half of the work in a strategy position is with people either in the form of internal or external clients, teams, and customers. The rest of the time you may be conducting market or competitor research, analyzing data, and building financial models. If you are one of those folks that enjoys variety this is the field for you.

Puzzling Work

You need to demonstrate dedication and you especially need to be willing to solve the puzzle in a timely maimer. Businesses frequently have serious issues that must be faced in a timely manner in order to compete. Therefore, you have to be able to do what ever it takes by real deadlines in order to help managers do their jobs.

Core Required Skills	
Ability to Synthesize	Very high
Analytical Skills	Exceptional
Computer Skills	High
Decisive	High
Interpersonal Skills	Exceptional
Listening Skills	Very High
Persuasiveness	Very High
Problem Solving Skills	High
Research Skills	High
Team Skills	Very High
Verbal Skills	Very High
Written Skills	High

See the Big Picture

One of the most important skills or abilities needed in a strategic function is to see how decisions and choices affect the long-term viability and the overall effectiveness of the organization. You need to understand the big picture and vision. If you cannot do this you will not be successful in this job.

Let Others Take the Bow

Because both strategic planners and strategic consultants serve as advisors in a support role, they usually do not have decision authority either to make or execute strategic choices. Thus these folks require some humility and must be willing to slip into the background. They need to be able to let others take credit for their ideas in order to see them embraced and executed.

If you are seen as a threat by the manager that you are helping you will not be effective in your role.

Are You a Renaissance Person?

Not only do people in a strategic role need to see the big picture, they must understand the world from multiple functional perspectives. In order to solve strategic problems and effectively pursue strategic opportunities you must understand how each function contributes to the grand plan. Be multi functional.

Is This Your Persuasion?

Strategic staffers and strategic consultants must spend time convincing strategic managers and other managers in the organization to adopt their ideas. They do not have decision authority to execute their ideas, so they must be able to sell their ideas to others in the organization who can implement those ideas.

Listen Carefully ...

While strategic planners, managers, and consultants sell solutions they must also be able to get to the root problem. Their solutions will only be as good as their understanding of the underlying causes of the problem. Their research efforts will not be complete if they just rely on financial and annual reports. They need to be able to listen to what clients, employees in the firm, and customers are telling them. Soft information will be as important if not more important than hard information.

STRATEGIC ROLES OF A BOARD OF DIRECTORS

- See that five strategic management tasks are performed adequately.
- Review important strategic moves & officially approve strategic plans.
- Ensure strategic proposals are adequately analyzed & superior to alternatives.
- Evaluate caliber of top management's strategy - making & implementing skills.

Why use a Strategic Planning Facilitator?

Experience shows that planning sessions run by team members often become expanded staff meetings, rehashing old positions and leaning toward the strongest members views.

An outside facilitator for Strategic Planning maintains a climate of openness

and participation - minimizing personally and departmental differences and encouraging opinions that differ Rum the leader's.

PEST ANALYSIS:

POLITICAL • Political Parties, alignments. Trade blocks. • Legislation. • Relationships between government and the organisation. • Government ownership.	**ENVIRONMENTAL** • Consumer expenditure • Interest rates • Unemployment • Investment • Energy Costs
SOCIAL • Change in lifestyle • Shifts in values and culture • Demographic changes • Distribution of income • Attitude to work and leisure	**TECHNOLOGICAL** • Government investment policy • New patents and products • Speed of change • New technology • Level of expenditure on research and development by organisation's rivals

Once a risk has been identified, there are four ways of managing it:

- Accept it - deal with it when it happens

- Avoid it - adjust the plan, change it, or leave some parts out

- Monitor it - prepare a contingency plan just in case and be ready to put it into operation

- Transfer it - insure against the risk

The final stage in the risk management process is to determine which of the four ways of managing risk will be applied to each one in turn.

SWOT Analysis:

Strengths, Weaknesses, Opportunities and Threats (SWOT) .

SWOT analysis is a tool for auditing an organization and its environment. It is the first stage of planning and helps marketers to focus on key issues. SWOT stands for strengths, weaknesses, opportunities, and threats. Strengths and weaknesses are internal factors. Opportunities and threats are external factors.

In SWOT, strengths and weaknesses are internal factors. For example: **A strength could be:**

- Your specialist marketing expertise.

- A new, innovative product or service.

- Location of your business.

- Quality processes and procedures.

- Any other aspect of your business that adds value to your product or service.

A weakness could be:

- Lack of marketing expertise.

- Undifferentiated products or services (i.e. in relation to your competitors).

- Location of your business.

- Poor quality goods or services.

- Damaged reputation.

In SWOT, opportunities and threats are external factors. For example:

An opportunity could be:

- A developing market such as the Internet.

- Mergers, joint ventures or strategic alliances.

- Moving into new market segments that offer improved profits.

- A new international market.

- A market vacated by an ineffective competitor .

A threat could be:

- A new competitor in your home market.

- Price wars with competitors.

- A competitor has a new, innovative product or service.

- Competitors have superior access to channels of distribution.

- Taxation is introduced on your product or service.

Ref.: www.marketingteacher.com/lessons/lessonswot.htm

The SWOT Matrix Model

Positive	Internal		Negative or potential to be negative
	Strengths	Weaknesses	
	Opportunities	Threats	
	External		

An Alternative Matrix:

	Strengths	Weaknesses
Opportunities	Offensive- make the most of these	Defensive - watch competition closely
Threats	Adjust - restore strengths	Survive - turn around

Translate The SWOT Model Into Tasks for the Project Plane:

	Strengths	Weaknesses
Opportunities	[How Do I Use These Strengths To Take Advantage Of These Opportunities?]	[How do I overcome the weaknesses that prevent me taking advantage of these opportunities?]
Threats	[how do I use these strengths to reduce the likelihood and impact of these threats?]	[how do I address the weaknesses that will make these threats a reality?]

Ref.: http://www.jiscinfonet.ac.uk/infokits/analytical- tools/pestle-SWOT

244

What makes a SWOT analysis work?

Due to the collaborative nature of this tool, your working group will need certain qualities to succeed:

- trust - the questions that Swot will bring up, particularly in the weaknesses and Threats categories may be uncomfortable. Your group must be at a point in its irking relationship where weaknesses and potential threats can be faced openly id objectively.

- Ability and willingness to implement change.

- Diversity - the team conducting the SWOT analysis should be representative of your entire planning team.

- Time - taking time to do a thorough SWOT assessment will help your group move Forward in developing a workable plan.

Steps / process:

- Establish that your coalition has the necessary components to successfully.

- Conduct a SWOT analysis (above).

- Assemble the group that will conduct the SWOT.

- Set up meeting times (if the SWOT is not going to be completed in one 'sitting'.

- Distribute/ complete the tool individually.

- In the group meeting, combine individual answers. Collaborate on each category. Complete the analysis.

- Discuss how to use the information gathered from the swot to inform your next steps.

SWOT analysis can be very subjective. Do not rely on SWOT too much. Two people rarely come-up with the same final version of SWOT. TOWS analysis is extremely similar. It simply looks at the negative factors first in order to turn them into positive factors. So use SWOT as guide and not a prescription. Simple rules for successful SWOT analysis .

- Be realistic about the strengths and weaknesses of your organization when conducting SWOT analysis.
- SWOT analysis should distinguish between where your organization is today, and where it could be in the future.
- SWOT should always be specific. Avoid grey areas.
- Always apply SWOT in relation to your competition I.e. better than or worse than your competition.
- Keep your SWOT short and simple. A void complexity and over analysis.
- SWOT is subjective.

Application the SWOT Model on Helwan University-Egypt:

Opportunities:

- Industrial Environment surrounding the University.
- Diversity of Specializations and Majors.
- Community Development.

- National Projects

- Collaboration with other universities (National & International)

- New Quality Academic Programs.

- Satisfy house hold , bus , communication needs.

Strengths:

- University leaderships & staff supporting the developing enhancement processes.

- Presence of specialized faculties as art, music, ... etc.

- Presence of high percent of qualified staff.

- Presence of high percent of international publications.

- Good landscape.

- Projects with international, regional and national association.

- Protocols with other universities.

- Special units (52) for community services.

- Presence of digital library.

- Applying technology in education as e-learning & e-courses.

- Good university resources as sports costs, music halls, financial support for students, ...

- Suitable and cheap transportation to the university campus.

- University Awards for all researches that published at international journals.

- Awards for distinguished students.

- Student's host at the university campus.

- Post-graduated agreement with international universities for PHD and post-doctors.

- Research- production- consultancy- units.

Weaknesses:

We need to improve the following:

Human & system:

- Salaries.

- Training.

- Researches.

- Commitment.

- Communication.

- Weak background of students.

- Goals are not clear.

- Evaluation system.

- Inadequate staff: students ratio.

Location & infrastructure:

- Internal transportation.

- Scattered faculties (colleges),

- Communication network.

- Inadequate classrooms

Funding:

- Lack of resources.

- The- system selecting (hiring)the leaders within the university.

- The relationship with the labor market.

- The rules of recruitments(employee & staff).

- Equality (providing equal).

Threats:

- External competition & Quality of students.

- Lack or Decrease of Governmental support.

- Losing qualified staff members.

- Community supports.

- Number of students.

- Environmental Aspects.

- Changing of Governmental Educational policies.

- External support / funding vs. research work.

- Accreditation.

- Opposing change.

المصادر والمراجع

📖 أولا: المصادر.

📖 ثانيا: المراجع العربية.

📖 ثالثا: المراجع الأجنبية.

📖 رابعا: بعض مواقع الإنترنت.

المصادر والمراجع

أولا: المصادر:

1- القرآن الكريم.

2- الأحاديث النبوية الشريفة.

ثانيا: المراجع العربية:

1- أحمد سيد مصطفى: « التخطيط الإستراتيجي لمكافحة الإرهاب»، **مجلة الفكر الشرطي**، القيادة العامة لشرطة الشارقة، المجلد 8، العدد 2، الشارقة: يوليو 1999.

2- أحمد سيد مصطفى: **المدير وتحديات العولمة إدارة جديدة لعالم جديد** (القاهرة: دار النهضة العربية: 2000).

3- أحمد سيد مصطفى: **إدارة الموارد البشرية** (القاهرة: المؤلف، 2004) .

4- أحمد سيد مصطفى: **المدير ومهاراته السلوكية** (القاهرة: المؤلف، 2005) .

5- أحمد سيد مصطفى: **إدارة السلوك التنظيمي** (القاهرة: المؤلف، 2005) .

6- أحمد كمال أحمد: **التخطيط الاجتماعي** (القاهرة: مكتبة الأنجلو المصرية، 1974).

7- أسامة محمد علما: «نحو مدخل متكامل للإدارة والتخطيط الإستراتيجي»، **مجلة الإدارة**، المجلد 33، العددان 3، 4، القاهرة: يناير وإبريل 2001.

8- الخبراء العرب للهندسة والإدارة: **البرنامج التدريبي إدارة التميز** (القاهرة: Team؛ 2007).

9- امديست: **البرنامج التدريبي التخطيط الاستراتيجي للموارد البشرية** (الجيزة: AMIDEAST، 2002).

10- برنارد تايلور الثالث: **مقدمة في علم الإدارة**، تعريب سرور علي إبراهيم، مراجعة محمد يحيى عبدالرحمن (الرياض: دار المريخ، 2007).

11- بميك: **البرنامج التدريبي الأداء المتميز** (الجيزة: مركز الخبرات المهنية للإدارة، 2007).

12- بميك: **البرنامج التدريبي التخطيط الإستراتيجي** (الجيزة: مركز الخبرات المهنية للإدارة، 2008).

13- بميك: **البرنامج التدريبي الإدارة الإستراتيجية** (الجيزة: مركز الخبرات المهنية للإدارة، 2008).

14- بيتر ج. ريد: **القيادة المتميزة**، ترجمة علا أحمد إصلاح (القاهرة: مجموعة النيل العربية، 2005).

15- بيتر ف. دراكر: **الإدارة**، ترجمة محمد عبدالكريم، مراجعة نادية الهادي (القاهرة: الدار الدولية للنشر والتوزيع، 1995).

16- بيتر ف. دراكر: **الإدارة للمستقبل**، ترجمة صليب بطرس (القاهرة: الدارة الدولية للنشر والتوزيع، 1995).

17- بيتر ف. دراكر: **تحديات الإدارة في القرن الواحد والعشرين**، ترجمة إبراهيم بن على الملحم، مراجعة مساعد بن عبدالله الفريان (الرياض: معهد الإدارة العامة، 2005).

18- توتاليتي: **البرنامج التدريبي مهارات التخطيط** (القاهرة: توتاليتي للتدريب والاستشارات، 2002).

19- توم بيترز: **ثورة في عالم الإدارة**، ترجمة محمد الحديدي، مراجعة صليب بطرس (القاهرة: الدار الدولية للنشر والتوزيع، 1995).

20- جاري ديسلر: **إدارة الموارد البشرية**، ترجمة محمد سيد أحمد عبدالمتعال (الرياض: دار المريخ للنشر: 2003)

21- جفري فيفر: **الموارد البشرية كقوة تنافسية**، الشركة العربية للإعلام العلمي، شعاع، خلاصات، السنة 3، العدد 12، القاهرة: يونية 1995.

22- جون سي ماكس ويل: **لليوم أهميته** (الرياض: مكتبة جرير، 2006).

23- جيرالد جرينبرج وروبرت بارون: **إدارة السلوك في المنظمات**، ترجمة رفاعي محمد رفاعي، وإسماعيل علي بسيوني (الرياض: دار المريخ للنشر، 1425هـ).

24- **جيمس هينجر: 100 طريقة إبداعية لحل المشكلات الإدارية ترجمة مركز الخبرات المهنية للإدارة** (الجيزة: بميك، 2001).

25- حسن محمد خير الدين وآخرون: **العلوم السلوكية** (القاهرة: مكتبة عين شمس، 2000).

26- حسين شرارة: **البرنامج التدريبي مهارات التخطيط** (القاهرة: توتاليتي للتدريب والاستشارات، 2002).

27- خالد قدري: **البرنامج التدريبي التخطيط الإستراتيجي** (القاهرة: الأكاديمية المصرية الألمانية، 2008).

28- روبرت كيلي: **كيف تصبح نجما لامعا في العمل؟** الشركة العربية للإعلام العلمي «شعاع»، خلاصات، السنة 6، العدد 15، القاهرة: أغسطس 1998).

29- ريتشارد جيرسون: **كيف تقيس رضاء العملاء**، ترجمة خالد العامري (القاهرة: دار الفاروق للنشر والتوزيع، 2003).

30- سامية فتحي عفيفي ويسرية فراج محمد: **الاتجاهات الحديثة في الإدارة العامة** (القاهرة: حورس للطباعة والنشر، 2000).

31- سعد غالب التكريتي: **نظم مساندة القرارات** (عمان: دار المناهج للنشر والتوزيع، 2004).

32- سلسلة الإدارة المثلى: **أساليب التوجيه المثلى** (بيروت: مكتبة لبنان، 2001).

33- سلسلة الإدارة المثلى: **الحفز لأداء أمثل** (بيروت: مكتبة لبنان، 2001).

34- سوزان أ. ويلان: **كيفية بناء فرق عمل فعالة**، ترجمة عبد الحكم الخزامي (القاهرة: دار الفجر للنشر والتوزيع، 2002).

35- سوزان سلفر: **النظام كأفضل ما يكون**، الشركة العربية للإعلام العلمي «شعاع»، خلاصات، السنة 4، العدد 12، القاهرة: يونيو 1996.

36- صلاح الشنواني: **إدارة الأفراد والعلاقات الإنسانية** (الإسكندرية: مؤسسة شباب الجامعة: 1999).

37- طارق السويدان: **منهجية التغيير في المنظمات** (الرياض: مؤسسة قرطبة للإنتاج الفني: 2001).

38- طلعت مصطفى السروجي وآخرون: **التخطيط الاجتماعي** (القاهرة: مركز نشر وتوزيع الكتاب الجامعي، جامعة حلوان، 2007).

39- عادل محمد زايد: «نماذج تميز الأداء، مدخل تنمية الموارد البشرية الشرطية»، **مجلة الفكر الشرطي**، الإدارة العامة لشرطة الشارقة، المجلد العاشر، العدد 37، الشارقة: 2001.

40- عادل محمد زايد: **الأداء التنظيمي المتميز، الطريق إلى منظمة المستقبل** (القاهرة: المنظمة العربية للتنمية الإدارية، 2006).

41- عامر الكبيسي: **الفكر التنظيمي** (الدوحة: دار الشروق للطباعة والنشر، 1998).

42- عبد الباري إبراهيم درة: **تكنولوجيا الأداء البشري في المنظمات** (القاهرة: المنظمة العربية للتنمية الإدارية، 2003).

43- عبد الباري إبراهيم درة: **تكنولوجيا الأداء البشري في المنظمات** (القاهرة: المنظمة العربية للتنمية الإدارية، 2003).

44- عبد الحميد عبد الفتاح المغربي: **الإدارة الإستراتيجية، لمواجهة تحديات القرن الحادي والعشرين** (القاهرة: مجموعة النيل العربية، 1999).

45- عبد الرحمن توفيق: «الإدارة ركيزة تحول الأحلام إلى واقع»، **المؤتمر العلمي السادس للمعهد العالي للخدمة الاجتماعية**، القاهرة: 4-5 إبريل 2007.

46- عبد الرحمن توفيق: **التدريب الفعال** (القاهرة: مركز الخبرات المهنية للإدارة، 2004).

47- عبدالعزيز مختار: **التخطيط لتنمية المجتمع** (القاهرة: كلية الخدمة الاجتماعية، جامعة حلوان، ط2، 1991).

48- عبدالعزيز مخيمر: **دليل المدير العربي للتخطيط الإستراتيجي** (القاهرة: المنظمة العربية للتنمية الإدارية، 2005).

49- عبدالعزيز نور: «الجودة الشاملة قبل فوات الأوان»، **جريدة الأهرام**، القاهرة: 2007.

50- عبدالفتاح الشربيني وأحمد فهمي جلال: **أساسيات الإدارة** (شبين الكوم: مطابع الولاء الحديثة، ط 2 ، 1997).

51- عبدالفتاح الشريف وأحمد فهمي جلال: **أسس الإدارة** (الجيزة: جامعة القاهرة، 2001).

52- عبدالكريم درويش وليلى تكلا: **الإدارة العامة** (القاهرة: مكتبة الأنجلو المصرية، 1974).

53- على السلمي: **السلوك الإنساني في الإدارة** (القاهرة: مكتبة غريب، بدون تاريخ).

54- على السلمي: **إدارة السلوك الإنساني** (القاهرة: مكتبة غريب، 1997).

55- على السلمي: **إدارة الموارد البشرية** (القاهرة: دار غريب للطباعة والنشر والتوزيع، 1998).

56- على السلمي: **التدريب الإداري** (القاهرة: المنظمة العربية للعلوم الإدارية، 1970).

57- على السلمي: **إدارة الموارد البشرية الإستراتيجية** (القاهرة: دار غريب للطباعة والنشر، 2001).

58- على السلمي: **خواطر في الإدارة المعاصرة** (القاهرة: دار غريب للطباعة والنشر، 2001).

59- على السلمي: **إدارة التميز** (القاهرة: دار غريب، 2002).

60- على محمد صالح، وعبدالله عزت بركات: **مبادئ علم الإدارة** (عمان: الأردن: مكتبة الرائد العلمية، 2001).

61- على محمد عبدالوهاب وسعيد عامر: **الفكر المعاصر للتنظيم والإدارة** (القاهرة: مركز ويد سرفيس، 1994).

62- على محمود منصور: **مبادئ الإدارة، أسس ومفاهيم** (القاهرة: مجموعة النبيل العربية، 1999).

63- فؤاد القاضي: **تنمية المنظمة والتطوير التنظيمي** (القاهرة: دار الصفا للطباعة والنشر، ط3، 1988).

64- فريدون محمد نجيب: **المدخل إلى التخطيط الشرطي** (دبي: القيادة العامة لشرطة دبي، 1994).

65- فوزي محمد جبل: **علم النفس العام** (الإسكندرية: المكتب الجامعي الحديث: 2001).

66- فيليب سادلر : **القيادة**، ترجمة هدى فؤاد محمد (القاهرة: مجموعة النيل العربية، 2008).

67- فيليب سادلر: **الإدارة الإستراتيجية**، ترجمة علا أحمد إصلاح (القاهرة: مجموعة النيل العربية، 2008).

68- كفاءات: **البرنامج التدريبي تنمية مهارات التخطيط الإداري** (الرياض: كفاءات للتدريب والاستشارات، 2002).

69- كمال حمدي أبو الخير: **أصول الإدارة العلمية** (القاهرة: مكتبة عين شمس، 1974).

70- محمد أنس الزرقا: «القيم والمعايير الإسلامية في تقويم المشروعات»، **مجلة المسلم المعاصر**، العدد 3، دار البحوث العلمية للنشر والتوزيع، العدد (3)، الكويت: مايو/ يونيو/ يوليو 1982.

71- محمد حسنين العجمي: **الإدارة والتخطيط التربوي** (عمّان، الأردن: دار المسيرة، 2008) .

72- محمد عبدالغني هلال: **مهارات تشغيل وصيانة العقول البشرية** (القاهرة: مركز تطوير الأداء والتنمية، 2003).

73- محمد ناصر البيشي: : «تحديد مفهوم الرؤية»، **رسالة معهد الإدارة العامة** ، العدد 66، الرياض: فبراير 2007.

74- محمد رشاد الحملاوي: **التخطيط الإستراتيجي** (القاهرة: مكتبة عين شمس، 1991).

75- مدحت محمد أبو النصر: «العوامل الرئيسية المؤثرة في تعظيم عائد التدريب أثناء الخدمة في المهن المساعدة»، **مؤتمر قياس التكلفة والعائد**، جمعية إدارة الأعمال العربية، القاهرة: 12-13 أكتوبر 1991.

76- مدحت محمد أبو النصر: «العوامل الرئيسية المؤثرة في تعظيم عائد التدريب»، **مؤتمر التدريب، المستقبل**، هيئة التعليم التطبيقي، الكويت، أكتوبر 19 93.

77- مدحت محمد أبو النصر: «المعلومات ونظم المعلومات في الإمارات العربية المتحدة - الواقع والطموح»، **المؤتمر الدولي دور الحاسوب في التعليم**، كلية العلوم الإدارية والاقتصادية، جامعة الإمارات العربية المتحدة، العين: 25-26 أكتوبر 1995.

78- مدحت محمد أبو النصر: «أفكار عظيمة في الإدارة»، **مجلة الإدارة**، اتحاد جمعيات التنمية الإدارة، المجلد 28، العدد 3، القاهرة: يناير 1996.

79- مدحت محمد أبو النصر: «المعلومات - المفهوم والنظم والتدريب»، **مجلة الإدارة**، مجلد 3، العدد 2، القاهرة، أكتوبر 1998.

80- مدحت محمد أبو النصر: **أكتشف شخصيتك وتعرف على مهاراتك في الحياة والعمل** (القاهرة: إيتراك للطباعة والتوزيع والنشر، 2002).

81- مدحت محمد أبو النصر: «الجودة ودورها في التنمية الاقتصادية والاجتماعية»، **المؤتمر العربي عن الفكر الجديد في الجودة والبيئة**، المركز الإستراتيجي للتدريب والاستشارات والدراسات، القاهرة: 19-21 يناير 2003.

82- مدحت محمد أبو النصر: **إدارة الجمعيات الأهلية** (القاهرة: مجموعة النيل العربية، 2004).

83- مدحت محمد أبو النصر: **قواعد ومراحل البحث العلمي** (القاهرة: مجموعة النيل العربية، 2004).

84- مدحت محمد أبو النصر: **مهارات إدارة اجتماعات العمل بنجاح** (القاهرة: مجموعة النيل العربية، 2006) .

85- مدحت محمد أبو النصر: **إدارة منظمات المجتمع المدني** (القاهرة: إيتراك للطباعة والتوزيع والنشر، 2006).

86- مدحت محمد أبو النصر وطلعت مصطفى السروجي: «جودة الخدمات الاجتماعية»، **مجلة دراسات في الخدمة الاجتماعية والعلوم الإنسانية**، كلية الخدمة الاجتماعية، جامعة حلوان، العدد 21، الجزء 4، القاهرة: أكتوبر 2006.

87- مدحت محمد أبو النصر: **إدارة وتنمية الموارد البشرية**، الاتجاهات المعاصرة (القاهرة: مجموعة النيل العربية، 2007).

88- مدحت محمد أبو النصر: **أساسيات علم ومهنة الإدارة** (القاهرة: مكتبة دار السلام، 2007).

89- مدحت محمد أبو النصر: **مفهوم ومراحل وأخلاقيات مهنة التدريب في المنظمات العربية** (القاهرة: إيتراك للطباعة والتوزيع والنشر، 2007).

90- مدحت محمد أبو النصر: **الاتجاهات المعاصرة في تنمية وإدارة الموارد البشرية** (القاهرة: مجموعة النيل العربية، 2007).

91- مدحت محمد أبو النصر: **الإدارة بالحب والمرح** (القاهرة: إيتراك للطباعة والنشر والتوزيع، 2007).

92- مدحت محمد أبو النصر: **إدارة الجودة ا لشاملة في مجال الخدمات** (القاهرة: مجموعة النيل العربية، 2008).

93- مدحت محمد أبو النصر: **إدارة الذات** (القاهرة: دار الفجر للنشر والتوزيع، 2008).

94- مدحت محمد أبو النصر: **إدارة الوقت** (القاهرة: المجموعة العربية للتدريب والبحوث والتسويق، 2008).

95- مدحت محمد أبو النصر: **التفكير الابتكاري والإبداعي** (القاهرة: المجموعة العربية للتدريب والنشر، 2008).

96- مدحت محمد أبو النصر: **بناء وتحسين مهارات الاتصال الفعّال مع الآخرين** (القاهرة: المجموعة العربية للتدريب والنشر، 2008).

97- مدحت محمد أبو النصر: **قيم وأخلاقيات العمل والإدارة** (الجيزة: الدار العالمية للنشر والتوزيع، 2008).

98- مدحت محمد أبو النصر: **فرق العمل الناجحة** (القاهرة: المجموعة العربية للتدريب والنشر، 2008).

99- مدحت محمد أبو النصر: **قادة المستقبل** (القاهرة: المجموعة العربية للتدريب والنشر، 2008).

100- مدحت محمد أبو النصر: **اعرف نفسك واكتشف شخصيتك** (القاهرة: المجموعة العربية للتدريب والنشر، 2008).

101- مدحت محمد أبو النصر: **البرنامج التدريبي التخطيط وبرمجة العمل** (القاهرة: ورماك للتدريب والاستشارات، 2008).

[

102- مدحت محمد أبو النصر: **إدارة وتنظيم الاجتماعات** (القاهرة: المجموعة العربية للتدريب والنشر، 2009).

103- مدحت محمد أبو النصر: **التخطيط للمستقبل في المنظمات الذكية** (القاهرة: المجموعة العربية للتدريب والنشر، 2009).

104- مدحت محمد أبو النصر: **إعادة هندسة الذات** (القاهرة: المجموعة العربية للتدريب والنشر، 2009).

105- مدحت محمد أبو النصر: **إدارة وتنظيم الاجتماعات** (القاهرة: المجموعة العربية للتدريب والنشر، 2009).

106- مدحت محمد أبو النصر: **أساسيات الخدمة المتميزة للعملاء** (القاهرة: المجموعة العربية للتدريب والنشر، 2009).

107- مدحت محمد أبو النصر: **تنمية الموارد البشرية** (الجيزة: الروابط العالمية للنشر والتوزيع، 2009).

108- ميشيل مان: **موسوعة العلوم الاجتماعية**، ترجمة عادل مختار الهواري وسعد عبدالعزيز مصلوح (الكويت: مكتبة الفلاح، 1994).

109- نبيل عشوش: **السلوك الإنساني والتنظيمي في الإدارة** (الجيزة: أكاديمية الفراعنة، 2006).

110- نادر أحمد أبو شيحة: **إدارة الوقت** (عمّان، الأردن: دار مجدلاوي، 1991).

111- نيفيل ليك: **المرشد العملي في التخطيط الإستراتيجي**، ترجمة هدى فؤاد (القاهرة: مجموعة النيل العربية، 2008).

112- و. جاك دنكان: **أفكار عظيمة في الإدارة**، ترجمة محمد الحديدي (القاهرة: الدار الدولية للنشر والتوزيع، 1991).

113- وهلين، توماس، هنجز، دافيد: **الإدارة الإستراتيجية**، ترجمة محمود عبد الحميد مرسي وزهير نعيم الصباغ (الرياض: معهد الإدارة العامة، 1990).

114- ياسمين مدحت أبو النصر: **التخطيط الإستراتيجي، دراسة ميدانية مطبقة على شركة عجيبة للبترول** (القاهرة: الجامعة الحديثة، 2002).

115- يحيى حسن درويش: **معجم مصطلحات الخدمة الاجتماعية** (الجيزة: الشركة المصرية العالمية للنشر لونجمان، 1998).

ثالثا: المراجع الأجنبية

1- Alec Mackenzie: **The Time Trap** (N.Y.: AMACOM, 1972).

2- Andrew J. Dubrin: **Applying Psychology** (N.J: Prentice-Hall, Inc., 4th ed., 1994).

3- Arthur Thompson & A. Strickland: **Strategy Formulation and Implementation** (Dallas: Business Publication, 1986).

4- A. Wildavsky: **Planning & Management** (London: Harper & Row Publishers, 2001).

5- B. Garratt: **The Learning Organization: Developing Democracy at Work** (Harper & Collins Publishers, 2001).

6- Brain J. Clark: **Strategic Planning** (Cairo: Training Program, Helwan University, 2008).

7- Bryson: **Strategic Planning in Public and Nonprofit Organizations** (N. Y.: Prentice Hall, Inc., 2000).

8- Cambridge International College: **Human Resource Management** (U. K.: Cambridge International College 2006).

9- Colin Coulson Thomas: **The Future of the Organization** (London: Kogan Page Ltd., 1997).

10- Dean R. Spitzer: **Super Motivation** (N.Y.: AMACOM, 1995).

11- Eric D. Kelly & Barbara Becker: **Community Planning** (Washington, D.C.: Island Press, 2000).

12- F. David Statt: **A Dictionary of Human Behaviour** (London: Harper & Row Publishers, 2001).

13- F. Paul Carlson: "The Long and Short of Strategic Planning" **The Journal of Business Strategy**, Vol. 11, No. 3, May- June 1990.

14- Francis Fukuyama: **Trust** (N.Y.; The Free Press 1995).

15- Frank Sonnenberg: **Managing with Conscience** (N.Y.: MC Graw Hill Co., 1998).

16- F. Richard: **Beynd Customer Service** (California: Crisp Publication. 1992).

17- G. Abramson: **Knowledge Management** (N.Y.: MC Graw Hill Co., 1999).

18- Garratt: **The Learning Organization: Developing Democracy at Work** (Harper & Collins Publishers, 2001).

19- Gary Dessler: **Human Resources Management** (Virginia: Reston Publishing Co. 1989) & (NJ.: Prentice Hall Int., Inc., 7th ed. 1997).

20- Gary Hamel: **Leading the Revolution** (Boston: Harvard Business School Press. 2000).

21- George Steiner: **Strategic Planning** (N.Y. The Free Press, 1979).

22- George Steiner: **Management** (N.Y.: The Free Press, 2000).

23- Harold Koontz & Cyil O'Donnell: **Principles of Management** (N.Y.: Mc Graw-Hill, 1972).

24- Harold Koontz & Heinz Weihrich: **Essentials of Management** (U.S.A.: Mc Graw - Hill, 1990).

25- H. I. Ansoff: **Corporate Strategy** (Harmond Sworth: Penguin, 1968).

26- I. T. Cannon: **Business Strategy and Policy** (N.Y.: Harcawt Brace to Vanavich, 1988).

27- James A. Stoner: **Management** (N. J.: Prentice Hall, Inc., 6th. ed., 2006).

28- Jane Henry: **Creative Management** (London: SAGE Publication, 2nd ed., 2000).

29- Jennifer Joy - Mathews & et. al: **Human Resource Development** (London: Kogan Page, 3rd. ed., 2004).

30- Jerald Greenberg & Robert A. Baron: **Behavior in Organization** (N. J: Prentice Hall 7th ed., 2002).

31- J. Dedra: **Customer Service Excellence** (U.S.A: American media, 1994).

32- John S. Oaldand: **Total Organization Excellence** (Oxford: Butterworth ltd., 2001).

33- Kevin W. Tourangeau: **Strategy Management** (N.Y.: Mc Graw-Hill, 1981).

34- Larry Bossidy & Ram Charan: **Confronting Reality** (N.Y.: Crown Business, 2004).

35- L. D. Goodstein & et. al.: **Applied Strategic Planning** (N.Y.: Mc Graw-Hill, 1993).

36- L.L. Byars: **Strategic Management: Formulation and Implementation** (N.Y.: Harper Colinc Inc., 1991).

37- Mel Silberman & Karen Lawson: **101 Ways to Make Training Active** (N.Y.: Pfieffer & Co., 1995).

38- M.E. Porter: **Competitive Strategy** (N.Y.: Free Press, 1980).

39- Merrill E. Douglass & Donna N. Douglass: **Manage Your Time** (N.Y.: AMACOM, 1980).

40- Mesho Morishima: **Why Has Japan Succeeded?** (Cambridge: University Press, 1982).

41- Michael Armstrong: **Human Resource Management Practice** (London: Kogan Page, 10th. Ed., 2006).

42- Michael Mano: **Encyclopedia of the Social Sciences** (London: London School of Economics, 1994).

43- M. Richard: **Social Planning** (N. J.: Prentice Hall. Inc., 2001).

44- Neil Gilbert & Harry Specht: **Dimensions of Social Welfare** (N. Y.: Prentice Hall, Inc., 5th. ed., 2000).

45- Neville Lake: **The Strategic Planning WorkBook** (London: Kogan Page Limited, 2006).

46- Peter F. Drucker: **The Practice of Management** (N.Y.: Harpe and Row, 1954).

47- Peter M. Senge: **The Fifth Discipline: The Art & Practice of Learning Organization** (N.Y.: Doubleday 1990).

48- Philip Sadler: **Leadership** (London: Kogan Page, 2003).

49- Philip Sadler: **Strategic Management** (London: Kogan Page, 2003).

50- Pradip N. Khandwalla: **The Design of Organization** (N.Y.: Harcourt Brace Javanovih Inc., 3rd ed., 2000).

51- R. Buckley & J. Caple: **The Theory and Practice of Training** (London: Kogan Page. 1990).

52- Ricky Griffin: **Management** (Boston: Houghton Miffin Co., 1993).

53- R. Mondy & Preneaux: **Management Concepts, Practices and Skills** (D.S.A: Prentice Hall, Inc., 1997).

54- Robert C. Appleby: **Administration** (London: Pitman, 6th ed., 1994).

55- Robert C. Appleby: **Modem Business Administration** (London: Pitman Publishing, 7th ed., 2000).

56- Robert E. Kelley: **How to be a Star at Work** (N.Y.: Times Business, 1998).

57- Robert H. Rosn & Paul B. Brown: **Leading People, The Eight Proven Principles for Success in Business** (V.S.A.: Penguin group Inc., 2nd. ed., 2000).

58- Robert L. Barker: **The Social Work Dictionary** (Washington DC.: NASW Press, 4th, ed., 1999).

59- Robert Stewart: **Introduction To Management** (London: Pitman Publishers, 2000).

60- Robert Tannenbaum & Warren H. Schmidt: "How to choose a Leadership Pattern", **Harvard Business Review,** Vol. 51, No. 3, May-June 1973.

61- Ronald Walton: **The Covert Aims of Training** (Cardiff, U.K.: University of Wales, 2007).

62- Roy Mclennan: **Managing Organizational Change** (N.Y.: Prentice Hall, International Inc., 1989).

63- R. Robbins: **Organizational Behavior** (N.Y.: Prentice Hall, 1998).

64- Russell L. Ackoff: **A Concept of Corporate Planning** (N.Y. Wiley-Interscience, 1970).

65- RW. Mondy: **Management, Concepts and Practices** (Boston: AIlynand Bacon, 1983).

66- Stephen R. Covey: **The 7th. Habits of Highly Effective People** (London: Pocket Books, 1989, 2004).

67- Sters Richard M.: **Introduction to Organization Behavior** (N.Y.: Harper Colins Publishers, 4th ed., 1991).

68- Susan Silver: **Organized to be the Best** (Los Angelss: Adams Hall Publishing, 1994).

69- **The Oxford Dictionary** (Oxford: Oxford Univ. Press, 2008).

70- Thomas H. Naylor: **Strategic Planning Management** (Oxford: Planning Executive Institute, 1980).

71- Thomas L. Wheelen & J. David Hunger: **Strategic Management & Business Policy Entering 21st. Century Gobal** (Addition Wesley Publishing Co., 2ed., 1986, Florida 6th. ed. 1998).

72- Thomas S. Bateman & Carl P. Zelthaml: **Management** (Boston: IRWIN, 1999).

73- W. F. Glueck: **Business Policy and Strategic Management** (N.Y. Mc Graw-Hill, 1980).

74- Wildavsky:. **Planning & Management** (London: Harper Row Publishers, 2001).

75- William P. Anthony: **Practical Strategic Planning** (Westport, CT: Greewood Press, 1985).

76- William Newman: **The Process of Management** (NJ.: Prentice - Hall, 5th ed., 1982).

77- W. Jack Duncan: **Great Ideas in Management** (U.S.A: Jossey-Bass, Inc., 1989).

78- W. Lawrence Neuman: **Social Research Methods** (Boston: Allyn & Bacon, 2000).

79- Yasmin Medhat Abo El Nasr: **Strategic Planning at Agiba Petroleum Company - An Applied Study** (Cairo: MTI, 2002).

80- Yeong Kim & John Short: **Globalization and City** (N.Y.: The Free Press, 1999).

81- Zaltman & Duncan: **Social Change** (N.Y.: The Free Press, 2002).

رابعا: بعض مواقع الإنترنت:

1-   www.business.com

2-   www.cambridge.org

3-   www.efgm.org

4-   www.firstmanagement.com

5-   www.jiscinfonet.ac.uk/infokits/analytical-tools/pestle-sowt

6-   www.quality.nist.gov

7-   www.strategic management.org

8-   www.successfactors.org

9-   www.supportcenter.org/sf/genie.html

10-   www.texas-quality.org

11-   www.wikipwdia.org/wiki/training

Printed in the United States
By Bookmasters